世界人工智能发展态势

赵睿涛　编著

·北京·

内 容 简 介

他山之石，可以攻玉，在全球人工智能风起云涌的竞技场上，有必要对各国的人工智能发展举措和情况进行梳理和对比分析，为我国人工智能发展提供启示参考。

本书共分为22章。选取了近年来已发布或将发布国家级人工智能顶层战略或规划文件的21个国家或地区，从其政府发布的官方文件入手，分析其人工智能发展态势，按照其人工智能发展情况并参考其国家级人工智能战略发布先后顺序，将世界各国分为三个梯队。按照时间顺序对各国人工智能发展态势进行逐一阐述，并以知识链接和趣话的形式进行辅助说明，图文并茂，增加可读性。此外，编写组还对国内外较为重要的人工智能发展战略文件进行了整理和翻译，作为附件，供读者参阅。

本书力求用通俗的语言，向读者介绍世界各国人工智能的发展情况，尽可能做到系统性、全面性、知识性和趣味性。

图书在版编目（CIP）数据

世界人工智能发展态势／赵睿涛编著．—北京：
国防工业出版社，2022.7(2023.10重印)
ISBN 978 – 7 – 118 – 12515 – 3

Ⅰ.①世… Ⅱ.①赵… Ⅲ.①人工智能—技术发展—研究—世界　Ⅳ.①F491②TP18

中国版本图书馆CIP数据核字(2022)第114346号

※

*国防工业出版社*出版发行
(北京市海淀区紫竹院南路23号　邮政编码100048)
北京虎彩文化传播有限公司印刷
新华书店经售

*

开本 710×1000　1/16　插页1　印张 13¾　字数 252千字
2023年10月第1版第3次印刷　印数 1501—2100册　定价 80.00元

（本书如有印装错误，我社负责调换）

国防书店：(010)88540777　　书店传真：(010)88540776
发行业务：(010)88540717　　发行传真：(010)88540762

前　言

随着人工智能技术的迅猛发展及其在人类社会的广泛应用，其地位和作用日益凸显，习主席高瞻远瞩，准确把握发展大势，及时作出了"新一代人工智能正在全球范围内蓬勃兴起，为经济社会发展注入了新动能，正在深刻改变人们的生产生活方式"的科学论断。

历史上的每一轮技术革命都深刻重塑了全球竞争格局，如机械化时代，英国抓住了蒸汽机等技术，成就了日不落帝国；信息化时代，美国抓住了信息技术，成为了世界超级强国。未来，谁能抓住人工智能这新一轮技术革命的历史机遇，就能一跃而上，赢得一段相当长时期的大发展。在全球人工智能风起云涌的竞技场上，各国纷纷发布战略、出台政策、发展产业。

世界各国人工智能发展态势是一个宏大的课题，本书的编写工作得到科技部、军事科学院、电子科技集团、国防工业出版社等单位的大力支持，各位领导、专家也付出了大量辛勤的劳动，在此表示衷心的感谢。由于作者水平和时间所限，书中难免存在缺点和不足之处，敬请各位读者批评指正。

作者

2019 年 2 月

目　　录

第1章　绪论 ………………………………………………………… 1

第2章　美国 ………………………………………………………… 4

 2.1　美国政府人工智能战略 ……………………………………… 23

 2.2　美国军方人工智能战略 ……………………………………… 27

 2.3　备战人工智能的未来 ………………………………………… 30

 2.4　美国国家人工智能研发战略计划 …………………………… 69

第3章　中国 ………………………………………………………… 106

 3.1　新一代人工智能发展规划 …………………………………… 116

 3.2　促进新一代人工智能产业发展三年行动计划 ……………… 142

第4章　日本 ………………………………………………………… 144

 4.1　日本机器人战略 ……………………………………………… 147

 4.2　日本人工智能战略 …………………………………………… 148

第5章　英国 ………………………………………………………… 150

 5.1　在英国发展人工智能 ………………………………………… 153

 5.2　产业战略：人工智能领域行动 ……………………………… 154

第6章　加拿大 ……………………………………………………… 156

 6.1　泛加拿大人工智能战略 ……………………………………… 159

第7章　法国 ………………………………………………………… 160

 7.1　法国人工智能战略 …………………………………………… 161

 7.2　法国人工智能开发计划 ……………………………………… 162

第8章　新加坡 ……………………………………………………… 166

 8.1　新加坡人工智能战略 ………………………………………… 168

第9章　阿联酋 ··· 170
第10章　芬兰 ··· 174
　　10.1　芬兰的人工智能时代 ······································ 176
第11章　丹麦 ··· 178
第12章　欧盟 ··· 180
　　12.1　欧盟人工智能 ·· 182
第13章　印度 ··· 186
　　13.1　印度人工智能战略 ·· 188
第14章　韩国 ··· 190
第15章　德国 ··· 193
　　15.1　德国人工智能战略 ·· 195
第16章　西班牙 ··· 198
第17章　沙特阿拉伯 ··· 200
第18章　马来西亚 ··· 202
第19章　澳大利亚 ··· 204
第20章　巴西 ··· 206
第21章　越南 ··· 208
第22章　俄罗斯 ··· 210
参考文献 ··· 213
结束语 ··· 214

第1章 绪　　论

人工智能是信息革命中最具颠覆性和变革性的技术。近年来,在爆炸式数据积累、神经网络模型算法与强劲计算力的持续推动下,人工智能的发展日益引发全球政界、产业界和学术界的高度关注,其影响不断渗透到社会生产生活的方方面面,对全球政治、经济、文化产生了极为深远的影响,逐步成为大国竞争角逐的新战场。参考国内外多家机构发布的人工智能发展报告(科技部新一代人工智能发展研究中心2019年6月发布的《中国新一代人工智能发展报告2019》、国家工业信息安全发展研究中心2019年1月发布的《人工智能发展报告(2018—2019)》、清华大学中国科技政策研究中心2018年7月发布的《中国人工智能发展报告2018》、腾讯研究院2017年发布的《中美两国人工智能产业发展全面解读》、麦肯锡全球研究所2017年发布的《人工智能:对中国的影响》),可以把世界各国分为三个梯队:第一梯队是2016—2017年率先发布国家层面人工智能发展战略,并凭借其自身庞大的市场、雄厚的资本和优秀的人才等资源迅速发展的国家,主要是中国和美国,各项数据统计均表明中美两国占据了世界人工智能发展一半以上的份额;第二梯队是2017—2019年相继发布人工智能战略的国家,包括英、法、德、日、印等;第三梯队是至2019年底尚未发布相关战略的国家,包括俄罗斯、越南等(表1-1)。

表1-1　世界各国人工智能战略一览表

	国家	时间	政策	发布单位
第一梯队	美国	2016年10月	备战人工智能的未来 国家人工智能研发战略计划	美国国家科学技术委员会
		2019年2月	美国人工智能倡议	美国国家科技政策办公室
	中国	2017年7月	新一代人工智能发展规划	国务院
		2017年12月	促进新一代人工智能产业发展三年行动计划(2018—2020年)	工信部
		2019年3月	新一代人工智能治理原则	科技部

续表

	国家	时间	政策	发布单位
第二梯队	日本	2015年1月	日本机器人战略	日本经济产业省
		2016年7月	日本下一代人工智能促进战略	日本政府
		2017年3月	日本人工智能技术战略	日本政府
	英国	2016年10月	机器人技术和人工智能	英国下议院科学技术委员会
		2016年11月	人工智能:未来决策的机会与影响	英国政府科学办公室
		2017年10月	在英国发展人工智能	英国政府
		2018年4月	产业战略:人工智能领域行动	英国政府
	加拿大	2017年3月	泛加拿大人工智能战略	加拿大政府
	法国	2017年3月	法国人工智能战略	法国经济部与教研部
		2018年3月	法国人工智能开发计划	法国总统
	新加坡	2017年5月	新加坡人工智能战略	新加坡政府
		2018年6月	人工智能治理和道德的三个新倡议	新加坡政府
		2019年1月	人工智能监管模式框架	新加坡通信及新闻部
	阿联酋	2017年10月	阿联酋人工智能战略	阿联酋政府
	芬兰	2017年12月	芬兰的人工智能时代	芬兰经济事务与就业部
		2018年6月	人工智能时代的工作	芬兰经济事务与就业部
	丹麦	2018年1月	丹麦数字技术增长战略	丹麦政府
		2019年3月	丹麦人工智能国家战略	丹麦政府
	欧盟	2018年4月	欧盟人工智能	欧盟委员会
	印度	2018年6月	印度国家人工智能战略	印度国家研究院
	韩国	2018年7月	韩国人工智能研发战略	韩国第四次工业革命委员会
	德国	2018年12月	德国人工智能发展战略	德国政府
	西班牙	2019年3月	西班牙人工智能研发与创新战略	西班牙政府

续表

	国家	时间	政策	发布单位
第三梯队	沙特阿拉伯	2016年4月	2030年沙特愿景展望	沙特政府
	马来西亚	2017年10月	国家大数据分析框架	马来西亚数字经济公司
	澳大利亚	2018年1月	澳大利亚愿景2030：通过创新实现繁荣	澳大利亚政府
		2018年12月	新版《数字经济战略》	澳大利亚政府
	巴西	2018年8月	巴西通用数据保护法	巴西政府
		2019年6月	制定巴西国家物联网计划	巴西政府
	越南	2018年10月	2025年人工智能研究与开发计划	越南科技部
	俄罗斯	2019年2月	制定人工智能国家战略	俄罗斯联邦政府

第2章 美　国

美国在人工智能研究方面一直处于世界最前沿,美国政府在人工智能研究中发挥了主导作用,华尔街资本的力量也在此轮人工智能热潮中起到了关键作用。从某种意义上讲,人工智能相关理论、算法从20世纪五六十年代开始一直在发展,但并未像今天这样进入普通大众的视野,为什么人工智能突然间变得如此炙手可热,美国政府的高度重视就是其中的关键一环,在其2016年底连续发布《备战人工智能的未来》《国家人工智能研发战略计划》后,一石激起千层浪,资本蜂拥而至,加上可用的数据量比前十年、二十年要多得多,计算处理能力也大幅提升,带来了全球人工智能的突飞猛进。

人过留名,雁过留声。2016年,时任美国总统奥巴马即将卸任,相信很多人还记得当初其竞选口号"改变"(Change),但到底实现了多少,可能并不是很多,而且他马上就要成为一个"跛脚鸭"总统,即虽然下一任总统选举马上出结果,但一直到2017年初才能宣誓就职,这段时间奥巴马虽然还是总统,但政令出不了白宫,他也自嘲没有人再听从他的指示。因此,奥巴马急切地寻找一个主题,并以此发布政令,为自己留下点政治资本,人工智能就成为了最佳选择。

首先,奥巴马被媒体戏称为美国历史上首位科技总统,其任期的每一步都与硅谷及科技产业密切相关。其竞选团队吸收了包括Facebook联合创始人克里斯·休斯、谷歌前环球政策副总裁安德鲁·麦克劳克林在内的科技人才,硅谷大佬们还为其提供了大量的竞选资金,他自身也爱好科技,借助社交网络和年轻人赢得大选,成为社交媒体时代的首位总统。奥巴马任期中还邀请硅谷人才出任各种政府职位,包括谷歌的梅根·史密斯担任其政府首席技术官等,国防部部长一年内多次造访硅谷,公开表示希望利用人工智能来帮助应对俄罗斯等国的军事竞争。奥巴马卸任前又把其手下的精兵强将安排到硅谷,白宫新闻秘书杰伊·卡尼成为亚马逊全球企业事务高级副总裁,竞选经理大卫·普劳夫则进入了Uber公司等。奥巴马不仅出台法案为互联网企业保驾护航,还要发布长期战略,确保其下台后相关政策不会被继任者直接取消。

奥巴马的硅谷晚宴

2011年2月,奥巴马在著名的风险投资人约翰·多尔位于旧金山的家中设宴款待了十多位科技界高管和投资者,宴会主题包括科学、教育、研发以及创业美国等。宾客双方把酒言欢,相谈甚欢。宴会结束后白宫新闻发言人杰卡尼发表声明称,总统专门讨论了对研发进行投资以及刺激企业发展和增加就业的提案,他的目标是在5年内让美国出口额增加1倍。总统表达了他希望继续与技术行业对话的愿望,他希望双方可以交换新想法,合作推进美国经济发展。受邀参加总统晚宴的技术行业领袖之所以能够获得邀请是因为他们领导的企业在这方面树立了良好的典范。总统相信,这些美国企业在对培养美国人才的教育事业进行投资方面一直走在前列,同时也是开发新技术和推广新通信手段的先锋。

奥巴马宴请对象包括苹果首席执行官乔布斯、谷歌首席执行官施密特、甲骨文首席执行官拉里·埃里森、雅虎首席执行官卡罗尔·巴茨、思科首席执行官钱伯斯、Twitter首席执行官迪克·科斯特洛、Facebook首席执行官马克·扎克伯格和Netflix首席执行官里德·哈斯廷斯等。谷歌首席执行官施密特是美国总统科学技术顾问委员会的成员之一,奥巴马总统之前还曾与乔布斯讨论过美国的竞争与教育等问题,Netflix首席执行官哈斯廷斯在2008年为奥巴马胜利基金捐献了28500美元。

网上一些有趣的推测如下:

(1)为什么乔布斯坐在奥巴马的左手边?奥巴马似乎真的对史蒂夫·乔布斯和苹果很着迷,他多次把苹果公司作为美国技术创新的例子,但乔布斯与政府或者政治保持着一定的距离,或许奥巴马也按照中国人的传统以左为贵("虚左"——古代马车的座次以左为尊,空着左边的位置以待宾客)。

(2) 为什么扎克伯格坐在奥巴马右手边？2011 年的 Facebook 还不是一家真正的大公司，Facebook 用于游说政府的资金很少。但也许是奥巴马敏锐地意识到利用 Facebook 作为一种网络工具帮助推动技术领域的革命也许会成为宴会上有趣的话题，甚至是未来的重要方向。

(3) 为什么奥巴马没有宴请微软的比尔·盖茨？因为他们已经比较熟了，可能无需再宴请。事实上，微软的鲍尔默 2011 年已经去过两次白宫，特别是奥巴马曾就广泛的问题多次请盖茨帮忙。

(4) 为什么在风险投资人约翰·多尔的家里举行这次宴会？毫无疑问，埃里森、施密特、乔布斯及参加这次宴会的其他人都有好房子，但风险投资人对这些科技大佬都很重要，而且多尔一直是奥巴马推动绿色投资特别强大的支持者。

硅谷晚宴

其次，鉴于其任期内"改变"并不多，奥巴马迫切需要一种新的事物来刺激美国民众。2016 年 3 月，随着谷歌旗下公司 DeepMind 设计的阿尔法狗 (AlphoGO) 打败人类围棋冠军，一时间，人工智能话题引爆全球。2016 年 10 月，奥巴马接受美国《连线》杂志采访时称，人工智能正在以各种方式渗透至人们的生活,人工智能将带来期望、热潮和恐慌。人工智能这一普通人耳熟能详但又不是很清楚的高科技成为奥巴马的最佳选择,可以作为其总统生涯的最后答卷,力求用人工智能改变美国民众的生活,改变美国的发展,甚至实现美国梦。

奥巴马关于人工智能的采访言论

2016年10月,美国总统奥巴马和麻省理工学院媒体实验室主任伊藤穰一共同接受《连线》杂志记者的采访。

记者问:你何时开始知道,人工智能的时代正在降临?

奥巴马:人工智能正在以各种方式进入人们的生活,而我们只是尚未察觉。一部分原因在于,流行文化对人工智能的描绘存在偏见。通用人工智能和专用人工智能之间存在差别,在科幻小说中听到的是通用人工智能。计算机比人类还要更聪明,而最终结论是人类变得越来越没用。根据我和高级科学顾问的对话,我们距离这样的现实还很遥远。我们已在生活的各个领域看到了专用人工智能,例如医药、交通及输配电,这提高了经济运行效率。如果妥善应用,那么专用人工智能可以带来繁荣和机会。不过从导致就业机会减少来看,这也存在不利的方面,而我们需要对此进行研究。这可能导致不平等,影响工资水平。

伊藤穰一:在麻省理工媒体实验室,我们使用延展智能一词。因为问题在于,如何给人工智能带来社会价值?

奥巴马:伊藤穰一用了自动驾驶汽车来举例,我们的机器可以做出许多迅速的决策,从而大幅减少交通事故,提高交通路网的效率,协助解决导致全球变暖的碳排放问题。然而,伊藤穰一提出了非常重要的一点:人工智能可以给汽车嵌入什么价值?你可以做出许多选择,而最典型的问题是:在汽车自动驾驶过程中,司机可以转向,避免撞到行人,但汽车将会因此撞墙导致车内人员的伤亡。这是个道德问题,而谁可以制定这些规则?

伊藤穰一:我们发现大部分人的想法是,司机和乘客应当牺牲,从而确保路人的安全。他们也表示，自己不会买无人驾驶汽车。

记者问：在人工智能的道德问题上，美国政府将扮演什么角色？

奥巴马：在人工智能的早期发展阶段，我考虑的监管框架应当是支持百花齐放。政府应当给予较少的监管，更多地投资于科研，确保基础研究和应用研究之间的转化。随着技术的兴起和成熟，随后我们要考虑如何将其纳入监管框架中，这将是个难题，政府需要更多参与，而不是让新技术去适应现存的监管框架。否则，我们可能会发现，这将导致某些人群处于不利地位。

伊藤穰一：不知道你是否听过神经多样化运动。有观点认为，如果莫扎特、爱因斯坦和特斯拉仍然活着，那么他们将会被认为是孤独症患者。

奥巴马：这是人工智能面临的更大的问题。人类的一大特点就是会有奇思妙想。有些时候，一些突变或异常反而能创造出艺术和新发明。我们必须假定，如果系统是完美的，那么就是静态的。让人类发展到现在的状态，确保人类生存的重要部分在于，我们是动态的，常常干出出乎意料的事。我们需要思考的挑战之一在于，何时何地让事情严格按照预想中发展才是适当的？

记者问：关于将延展智能用于政府、民营行业和学术界，研究中心在哪里？或者说是否有这样的中心？

奥巴马：我们认识向人工智能投资的人士。如果你接触拉里·佩奇或其他这些人，他们一般的态度是，"在我们追寻独角兽的过程中，最不想看到的是一系列官僚主义导致研究进度放慢"。这样的想法可以理解。然而我们看到的部分问题在于，社会对基础研究的投入正在减少。关于伟大的技术突破，我们仍在使用的例子是登月。有人提醒我，登月项目的耗资达到了 GDP 的 0.5%。这听来不算什么，但按今天的情况来看相当于每年花出 800 亿美元。实际上我们目前每年花在人工智能上的投入只有不到 10 亿美元。这一数字毫无疑问将上升，但我们需要理解的一点是，我们是否希望这些突破性技术能代表多样化群体的价值，随后政府投资可以成为其中的一部分。如果政府不参与投资,那么伊藤穰一提出的这些关于技术价值的问题将不会得到解答,甚至可能不会被讨论。

2016年11月美国《连线》杂志封面

事实上,奥巴马政府不仅发布了两份重头文件,还发布了名为《人工智能、自动化与经济》的第三份人工智能报告,从各个方面指出了人工智能对美国整个国家发展乃至国家安全的重要性,再次提醒其继任者特朗普政府要重视人工智能等高科技的战略地位。

奥巴马政府于2016年5月成立了人工智能和机器人学习委员会,探讨制定人工智能相关政策和法律,协调美国各界在人工智能领域的行动,并将在奥巴马任期结束前利用人工智能提高政府办公效率。2016年9月,美国国防部强调,"第三次抵消战略"要利用人工智能和自主技术的进步,使美军重新获得作战优势和威慑。

此外,在特朗普、希拉里为了总统宝座争得焦头烂额之时,奥巴马政府用2个月的时间,在4个地方组织高校以及部分非营利组织举办了4场关于人工智能的免费公开讲座。第一场讲座于5月25日在西雅图华盛顿大学举办,主题是人工智能的法律和政策;第二场于6月7日在华盛顿特区举办,主题是从社会福利的角度讨论人工智能;第三场于6月28日在匹兹堡举办,主题是人工智能的安全与控制;第四场于 7 月 7 日在纽约大学举办,主题是人工智能技术近期的社会和经济影响。值得一提的是,这些讲座还提供了公开的网络视频直播,任何对人工智能感兴趣、希望能学到更多技术和获得关于未来发展方向的人都可以参加。讲座的成果还汇集成公开的报告,提供给美国各行各业作为参考。

2017 年初,特朗普上台,奥巴马所期待的人工智能引发美国的"改变"尚未完全出现,其推行的人工智能等高科技优先发展战略就先发生了改变。

本身就是大房地产商的特朗普,毋庸置疑代表的是房地产、制造业等传统行业利益。其竞选主张中就包括加大基建投资,其提出的基础设施投资计划涉及金额将超过 5000 亿美元。特朗普上台后第一件事就是要修建美墨边境的隔离墙,根据国土安全部估算其造价可能高达 210 亿美元以上。就此修墙拨款问题,美国政府两党多次发生纷争,政府多次陷入停摆状态。特朗普作为一名杰出的商人,自称资产超过 100 亿美元,坐拥位于纽约曼哈顿的特朗普大厦、位于芝加哥的特朗普大厦、位于佛罗里达州的棕榈滩庄园,这些都成为地标性建筑。但其个人集团如此有钱,也不可能为整个美国政府买单。那需要这么多钱怎么办?当然要大刀阔斧地削减其他领域的支出,当然也包括白宫对人工智能的投入。

美国总统特朗普关于修建边境墙的讲话全文

美国总统特朗普讲话

特朗普关于修建边境墙发表讲话

2019年1月9日，美国总统特朗普针对美国与墨西哥边境建墙、非法移民、联邦政府停摆等问题，在白宫椭圆办公室发表电视讲话，全文如下。

我的美国同胞们，今晚我发表这篇演讲，是因为我们南部边境的人道主义和安全危机日益严重。海关和边境巡逻人员每天都会遇到数千名试图进入我国的非法移民。我们没有足够的空间容纳他们，我们也无法迅速将他们送回国。美国自豪地接纳了数百万合法移民，他们充实了我们的社会，并为我们的国家做出了贡献。但是，不受控制的非法移民正伤害着所有美国人。他们会使公共资源紧张、减少工作机会，并且降低工资水平。受打击最严重的是非裔美国人和西班牙裔美国人。我们的南部边境是大量非法毒品流入美国的渠道，这些毒品包括冰毒、海洛因、可卡因和芬太尼，单是海洛因，每周就会致死300名美国公民，海洛因有90%是从南部边境进入的。今年因毒品而死亡的美国人，将会比整个越南战争还多。

在过去两年中，美国移民海关局官员逮捕了26.6万名有犯罪记录的外国人，包括被指控或被定罪的10万起袭击事件、3万起性犯罪和4千起暴力杀人事件。多年来，已经有数千名美国人被非法入境者残忍杀害。如果我们现在不采取行动，以后还会有数千人因此丧生。

这是一次人道主义危机、一次心灵危机和灵魂的危机。上个月,有2万名移民儿童被非法带入美国,与之前相比,数量急剧增加,这些孩子被恶毒的蛇头和残忍的帮派当作工具利用。穿越墨西哥的危险途中,三分之一的女性遭遇了性侵,在我们这套残缺的系统下,妇女和儿童是最大的受害者。这就是南部边境非法移民的悲惨现实,这就是我决心要结束的、折磨人性的恶性循环。

我的政府向国会提交了一份详细的建议,以确保边境安全,并阻止犯罪团伙、毒品走私者和人口贩子继续猖獗。这是我们面临的一个巨大的问题。我们的提案是由国土安全部的执法专业人员和边防人员制定的。这些是他们为了正确执行任务并保证国家安全所需要的资源。事实上,这些资源能保证他们让国家比以往更加安全。国土安全部的提案包括用于检测毒品、武器、非法违禁品等的尖端技术。

我们已经提出要求,我们需要更多的人员、移民法官和床位,来处理这个被我们强大的经济现状推动的、非法移民急剧增加的现状。我们的计划还包含对人道主义援助和医疗支持的紧急请求。此外,我们已要求国会关闭边境安全漏洞,以便非法移民儿童可以安全和人道地返回家园。最后,作为边境安全总体计划的一部分,执法专业人员需要57亿美元来建立一道实体屏障,在民主党的要求下,这将是一道钢铁屏障,而不是混凝土墙。

这道屏障对边境安全至关重要,这道屏障也是我们在边境的工作人员所需要的,这是个常识,边境墙也能很快证明它的价值。每年,用于处理非法毒品的费用超过5000亿美元,比国会要求的57亿美元要多得多。这堵墙所需的费用,一定会通过我们与墨西哥达成的新贸易协议来间接支付。你将在今天晚些时候听到参议员查克·舒默的讲话。他曾与其他许多民主党人多次支持过建造一个实体屏障的提议,只不过我当选总统之后,他们改变了主意。国会的民主党人拒绝承认这场危机,他们拒绝向我们勇敢的边防人员提供他们迫切需要的工具,来保护我们的家人和我们的国家。

联邦政府仍然关闭的原因,而且只是因为这一个原因,那就是民

第2章 美国

主党不愿资助边境安全。我的政府正竭尽所能地帮助那些受到政府关门影响的人,但唯一的解决办法是,民主党通过一项支出法案,来保卫我们的边境,然后重新开放政府。一场45分钟的会议就能解决这种情况。我已经邀请了国会领导层明天到白宫来完成这项工作,希望我们能够跨越党派分歧,支援国家安全。有些人认为,设立一道屏障是不道德的。那为什么有钱的政治家们会在他们家附近建造围墙、栅栏和大门呢?他们不是因为厌恶外面的人而建造围墙,而是因为他们深爱着墙内的人。唯一不道德的是,有些政客们什么都不做,残酷地允许更多无辜的人持续成为受害者。圣诞节后的那天,美国的心碎了:加利福尼亚的一名年轻警察被一名刚刚跨过边境的非法外国人冷血杀害。一个没有权利待在我国的人夺走了一名美国英雄的生命。

一天又一天,珍贵的生命被那些入侵我们边境的人残害。在加州,一名退伍的空军军人被强奸、锤击至死,肇事的这名非法入境者拥有一长串的犯罪记录。在佐治亚州,一名非法入境者正被起诉,因为他杀害了他的邻居,砍下他的头颅,并肢解了他的尸体。去年在马里兰,一群帮派成员因为残忍地殴打并刺伤了一名16岁的女孩而被逮捕并起诉。这群帮派成员,正是当年独自进入美国的孩子。过去数年,我见到了太多的家庭,因为非法移民而痛失心爱之人。我握住过泪流满面的母亲们的手,拥抱过悲痛欲绝的父亲们,太悲伤了,太凄惨了。我不会忘记他们痛苦的眼神、颤抖的声音,以及他们悲伤的灵魂。在国会履行它的职责前,美国人到底还有多少血要流?

对于那些拒绝以边境安全为理由让步的人,请你想象一下,如果那些生命安全被严重威胁,甚至完全被毁灭的受害者,是你的孩子、丈夫或妻子呢?我想对所有国会议员说:去通过一项能够结束危机的法案。我想对所有公民说:告诉国会,几十年已经过去,是时候最终作出决定,来维护我们边境的安全了。这项抉择,关乎对错、关乎正义,这项抉择,关乎我们是否能够履行我们神圣的职责,为我们所服务的美国公民负责。当我做就职宣誓的时候,我就发誓,我要保卫我们的国家,直到永远。所以,请上帝保佑我。谢谢你们,晚安。

特朗普大厦

位于美国纽约第五大道的特朗普大厦,是购物中心与办公大楼的复合体,高度达202.5米。从建成之日起,特朗普大厦就是纽约地标性建筑,在2016年美国总统竞选时期,这里是特朗普的主要阵营,即使在别州竞选十分繁忙的时刻也要乘私人飞机回到这所豪宅中休息。

特朗普大厦(一)

特朗普大厦(二)

1979年,特朗普买下了这座大楼并进行全面修建,邀请建筑师德·斯库特主持设计修建,旨在建造纽约第一超级豪华高层建筑,最终于1983年落成竣工。建筑师将特朗普的设想转化为包有奇异玻璃幕墙的夸张而又棱角分明的摩天大楼。顶部如垂挂的七把利剑，配合底部层层递减的楼层，建筑外观线条清晰，棱角硬朗。

大楼内挑高设计了高达60英尺的瀑布流水，由五层楼高处沿着红色花岗石倾泻而下，跨越戏剧性的暂停走道，是其室内布置的最抢眼之处。大厅运用意大利石及青铜等建材设计，具有新古典风格。特朗普最钟爱的颜色是金色，大厅与挑高的中庭以粉红色的大理石拼贴，黄铜色的楼梯扶手配上从角落投射的灯光，全部化为金闪闪的黄金屋的感觉。从66层开始是特朗普的复式豪宅，配有落地玻璃窗，可鸟瞰中央公园。装修风格特别奢华，地板、墙壁和柱子都是大理石制成，盘子、吊灯、花瓶、装饰都镶着24K金。据说，特朗普很喜欢法国路易十四的奢华风，所以，特朗普的家充满了巴洛克、洛可可风格的宫廷感设计和18世纪的法式情怀，外加上满目的金色、浅褐色、玫瑰色和橘红色，十分闪耀。

特朗普当选美国总统一个月，国会共和党人已经准备削减人工智能领域现有的一些福利补贴项目，目的是减少政府开支。在全世界大部分国家都在加大对人工智能领域的投入之时，美国政府一旦减少投入甚至停止一些高投入的研发工作，格局有可能很快被打破和改写，而这正是奥巴马政府所担心的。

事实上，特朗普与科技界关系一向不是很融洽。特朗普曾指控亚马逊首席执行官贝索斯用旗下的《华盛顿邮报》偷税漏税，并指责Facebook等高科技企业雇佣了太多外国雇员，影响了美国人的就业。特朗普在竞选时多次抨击硅谷高科技企业，宣扬应该重视房地产、制造业等实业的发展。其票选过程中，几乎没有得到硅谷的支持，甚至不受待见。据美国国家广播公司数据显示，2016年硅谷向希拉里阵营的捐款达到300万美元，是对特朗普捐款的约50倍。

2016年12月，特朗普把苹果、微软、IBM、英特尔等高科技公司的大佬叫到纽约特朗普大厦内开会，氛围一度很诡异，至少从记者捕捉到的画面中，这些大佬们没有一个真正在欢笑，要么凝眉沉思，要么尴尬地笑着，因为这其中大部分人在一个月之前并不支持甚至是讨厌特朗普的。这与奥巴马亲自前往硅谷与这些企业家把酒言欢的场面大相径庭。特朗普与科技界的关系可以从中窥见一斑。

特朗普与硅谷大佬们的尴尬聚会

彼得·蒂尔，美国企业家与风险资本家，对冲基金管理者，PayPal的共同创建者之一，也是Palantir大数据分析公司的创建者和对冲基金克莱瑞资本的总裁，他几乎是唯一公开支持特朗普的科技界大佬，有着非常不同的眼光和政治取向。他搭建起科技界通向特朗普的桥梁。据传说在他和特朗普团队打了数百个电话后终于在2016年12月凑齐了一众大佬来到纽约的特朗普大厦。这次聚会集齐了世界上最值钱的科技公司——谷歌、苹果、微软、Facebook等，甚至传闻不会参加的马斯克、与特朗普在选举中点名互撕的亚马逊首席执行官贝索斯最终也来了。

特朗普与硅谷大佬们的聚会（一）

一场经历各种传闻、风波才得以召开的圆桌会议，显然不是特朗普与各位大佬们互相表扬、吹捧、拍几张照就能完事的。据美国媒体透露，在这场超过90分钟的会议中，特朗普与这些科技公司的高管们探讨了与中国的双边贸易、人才引进制度、在美工作机会、海外资金和数据隐私等关键、敏感的问题。"中国问题"成为了圆桌会议上最重要的议题：一方面，特朗普表示会增强双边贸易的合作，安抚依靠海外销量保持增长的科技公司；另一方面，特朗普在会前的各种场合提到的

"中国制造"的问题,可能触及科技公司的利益。将制造业搬回美国,是特朗普向他的选民们许诺的重点,但是现实显然需要更多的博弈,毕竟美国总统也不可能逼人做亏本生意。不过,虽然苹果公司没有宣布将制造业回流到美国,但已经宣布在美国投入500亿美元,创造超过5万个国内工作机会。同时,IBM公司也在会前就宣布将在未来的四年中雇佣2.5万个美国人。除了将制造业搬回来之外,令各大科技公司显得极为尴尬的是,他们"无人化"的科技发展方向。特斯拉的自动驾驶汽车、亚马逊的送货无人机、各大公司争破头的人工智能等技术的目标,都是更加深度的自动化和机器学习能力,显然,特朗普所代表的制造业者,是最有可能被未来科技淘汰的。

特朗普与硅谷大佬们的聚会(二)

特朗普与硅谷大佬们的聚会(三)

2017年特朗普上台以来,美国政府就把人工智能发展交给了市场,推翻了前任的人工智能战略。例如,美国科学和技术政策办公室是美国顶层的科技制定和指导机构,在奥巴马时期,该机构人员一度多达130余人,但是到了特朗普上任后,该机构就只有50余人,而且办公室主任一职长期空缺,担任副主任的人员居然没有技术背景。

人工智能代表了先进的科技,科技就是第一生产力,与此时期的美国不同,中国、欧洲等国家和地区政府高度重视,人工智能发展日新月异。2018年5月,特朗普邀请了业界、学术界和部分政府代表参加了白宫工业人工智能峰会。会上宣布在国家科学与技术委员会下设立人工智能特别委员会,成员由政府中最高级别研究部门官员组成,将发挥各部门优势,提高美国政府在人工智能领域的投入。会上,白宫科技政策办公室副主任迈克尔·克拉希欧斯还概述了特朗普对人工智能的最新态度:保持美国在人工智能方面的领导地位,充分利用人工智能的优势提升美国的劳动力技能、推动政府资助的研发、消除美国人工智能创新的障碍。此举被媒体看作特朗普政府向科技界示好的开始。

2018年6月,美国国防部成立联合人工智能中心,旨在让国防部各人工智能项目形成合力,加速人工智能能力的使用,扩大人工智能工具的影响,并计划5年内投入17亿美元。

2018年7月,美国新安全中心发布《人工智能与国际安全》报告,分析了人工智能在网络安全、信息安全、经济和金融、国家防御、情报、国土安全等方面的应用,研究了人工智能变革对全球安全的不利影响。

2018年11月,美国国际战略研究中心发布《人工智能与国家安全》报告,介绍了人工智能领域发展现状以及管理和应用人工智能的关键因素,促进人工智能成功融入国家安全应用的关键步骤。

2018年11月,美国政府宣布成立人工智能国家安全委员会,该委员会具有三大职责,包括考察人工智能技术在军事应用中的风险以及对国际法的影响,考察人工智能技术在国家安全和国防中的伦理道德问题以及建立公开训练数据的标准,推动公开训练数据的共享。

美国人工智能国家安全委员会

美国人工智能国家安全委员会由《2019财年国防授权法》批准、由美国众议院武装部队新兴威胁与能力小组委员会提议成立,雇佣和选派共约20名来自军队和政府机构的人员,由国会领导人、国防部长和商务部长任命。众议院武装力量委员会主席麦克·索恩伯里提名的是谷歌母公司Alphabet集团董事会技术顾问埃里克·施密特。施密特从2016年起担任国防创新委员会主席,目前在美政府担任多个顾问角色。由民主党领导人亚当·史密斯提名的是微软研究实验室主任埃里克·霍维茨。霍维茨是美国国防高级研究计划局、美国国家科学基金会等多家机构咨询委员会的成员。

委员会分为四个工作组:

第一工作组:旨在保持美国在人工智能研究领域的全球领先地位,关注美政府如何通过政策改革、激励措施或财政拨款来推动人工智能的学术研究和商业创新。

第二工作组:旨在维持美国在人工智能国家安全应用领域的全球领先地位,包括研究美政府如何快速和大规模地采用人工智能应用程序来保护美国国家安全。

第三工作组:旨在为人工智能的未来发展做好准备,包括如何克服挑战,并制定激励措施,以建设一支世界级、具备人工智能能力的国家安全队伍等。

第四工作组:旨在加强美国在人工智能领域的国际竞争力与合作,包括如何增强美国的全球竞争力、发展联盟关系、建立促进美国价值观和利益的准则等。

目前已经召开三次会议:

第一次全体会议:3月11日在弗吉尼亚州阿灵顿举行,委员会成员提出了未来人工智能发展的愿景和建议,听取了来自国防部、商务部和情报部门的汇报,决定每两个月举行一次全体会议,并成立四个工作组,集中讨论需要详细审查的关键领域,工作组评估的初步结果将作为委员会2019年秋季向国会提交中期报告的基础。

第二次全体会议:5月20日在加州库比蒂诺举行,委员会成员听取了美政府政策和观点的简报,包括来自美政府科技政策办公室、国家安全委员会和国防部网络评估办公室的意见。

第三次全体会议:7月11日在加州库比蒂诺举行,委员会成员听取了情报机构、联邦调查局和国家安全委员会的简报。

史上最长一次美国政府停摆

美国政府关门危机

美国政府停摆也就是政府关门,一般是因为政府和国会产生分歧,导致政府预算拨款案无法得到国会批准,意味着政府不能花钱,很多需要花钱的工程无法继续,政府雇员也拿不到工资。历史上,美国政府出现过约21次停摆,最长纪录是克林顿执政时期创下的21天,当时的"停摆"从1995年底持续到1996年初。

2018年底,特朗普总统要求50亿美元拨款修建美墨边境墙,但一直得不到国会批准。2018年12月21日晚8点,美国国会参议院在没有就联邦政府下一步拨款问题达成任何方案的情况下宣布休会。22日凌晨起,约四分之一的美国政府机构开始停摆,约80万联邦政府雇员被迫无薪工作或被政府强制休假。受影响的政府雇员在华盛顿哥伦比亚特区、纽约市等地举行抗议,美国多个工会组织还就停摆对联邦雇员的影响向联邦政府提起诉讼。停摆期间,美国联邦政府服务大打折扣,华盛顿当地服务行业也遭受重创。据白宫此前估计,联邦政府现在每"停摆"一周,美国经济就损失约 12 亿美元。2019 年 1 月 25 日,美国史上最长政府停摆结束。

政府停摆表面看来是政府与国会的不合,其实本质上是美国两党之争,是两党为了下一步中期选举、总统大选做准备。

2019 年 2 月,特朗普签署行政令《维护美国人工智能领导地位》,就美国政府层面人工智能的发展进行了全面部署,但具体内容依然是建立在 2016 年发布的《国家人工智能研发战略计划》的基础上,战略内容并没有太大变化。与此同时,美国国防部发布了其首个人工智能战略,明确提出把人工智能用于军事,并意图抢占人工智能军事伦理和国际规则主导和制定权,又一次走在了世界各国的前列。但可惜的是随着多次政府停摆、中美贸易摩擦、美墨边境墙等问题频发,特朗普已经无暇顾及其他事情,也就是说,美国政府对人工智能的投入相比于特朗普刚上台时并未发生太大的改变。

2019 年 2 月,美国众议院决议支持制定人工智能伦理发展指南。众议院支持与不同利益攸关方协商,制定有关人工智能伦理发展的准则,满足以下要求:①行业、政府、学术界和民间社会的参与;②人工智能系统、过程和含义的透明性和可解释性;③帮助增强妇女和边缘化人口的权利;④信息隐私和个人数据保护;⑤对自动化决策的问责和监督;⑥关于技术服务和福利的获取和公平;⑦人工智能的跨学科研究;⑧现在和未来人工智能系统的安全、保障和控制等目标。

2019 年 6 月,美国政府发布《国家人工智能研发战略计划》(2019 年更新版),在 2016 年发布的第一个《国家人工智能研发战略计划》的基础上更新了部分优先研究领域等,与 2016 年版保持了较高的持续性,同时更加注重提高人工智能的可信赖度,以及与私营部门的合作。更新版主要是由七项战略重点扩展到八项战略重点,即增加了战略重点八:扩大公私合作以加速人工智能发展。

2019 年 8 月,美国国家标准与技术研究院发布《美国如何领导人工智能——联邦参与制定技术标准及相关工具的计划》报告,就政府如何制定人工智能技术和道德标准给出指导意见,以维持美国人工智能的世界领先地位。该报告概述了有助于美政府推动负责任地使用人工智能的多项举措,并列出一系列为未来技术标准提供指导的高级原则。认为人工智能的联邦标准必须足够严格,以防止技术损害人类,同时又足够灵活,可鼓励创新并使技术产业受益;需要开发有助于各机构更好地研究和评估人工智能系统质量的技术工具,包括标准化的测试机制和强大的绩效指标,并确定如何制定有效的标准;人工智能标准制定者必须了解并遵守美国政府的政策和原则,包括社会和道德问题以及治理和隐私的政策和原则;人工智能标准应足够灵活,能够适应新技术,同时最大限度地减少偏见并保护个人隐私。另外,人工智能标准出台的时机也很重要,制定得太早,可能会阻碍创新;但如果太晚,行业将很难自愿地遵从这些标准。

2019年10月,美国国防部通过了名为《人工智能原则:国防部人工智能应用伦理的若干建议》的报告,提出"负责、公平、可追踪、可靠、可控"五大原则。报告强调国防部应确保技术专家对人工智能的技术、开发过程和操作方法有足够理解;国防部应避免偏见,以防在开发和部署战斗或非战斗人工智能系统时对人造成无意伤害等。此外,该报告还提出12项建议,包括将这些原则正式化、建立国防部人工智能指导委员会、确保人工智能伦理原则有效落实、每年定期召开人工智能安全会议等。

谷歌公司成立外部专家委员会监管人工智能伦理

新华社旧金山2019年3月26日电,美国谷歌公司26日在"2019新兴技术数字论坛"上宣布成立一个由外部专家组成的"全球技术顾问委员会",以监督公司在应用人工智能等新兴技术时遵循相关伦理准则。该顾问委员会将作为一个独立的监督机构,致力于推动对人工智能和相关技术产品更负责任的开发和利用,思考人脸识别、机器学习算法等人工智能技术应用中的伦理问题并提出建议。委员会成员包括美国卡耐基梅隆大学、中国香港科技大学、英国牛津大学等全球多所高校和研究机构的计算机、公共政策和哲学等领域专家。委员会于4月召开首次会议,并计划于2019年年底发布首份报告。

人工智能的伦理和社会影响已成为一项重要的议题。美国麻省理工学院2018年宣布投资10亿美元新建一所人工智能学院,并将与人工智能相关的公共政策和伦理问题作为主要研究方向之一。斯坦福大学3月18日成立"以人为本"人工智能研究院,加强对人工智能社会影响的研究。脸书公司也在2019年年初宣布与德国慕尼黑工业大学合作,资助建立一个独立的人工智能伦理研究中心。

2.1 美国政府人工智能战略

2.1.1 《国家人工智能研发战略计划》

2016年5月,美国政府在国家科学技术委员会下设立机器学习和人工智能分委员会,负责跨部门协调人工智能的研究与发展工作,并就人工智能相关问题提出技术和政策建议,同时监督各行业、研究机构以及政府的人工智能技术研发。6月,应机器学习和人工智能分委员会的要求,网络和信息技术研究发展分委员会组建了人工智能跨部门工作组,开始起草《国家人工智能研发战略计划》。10月,美国政府正式发布该战略计划。与该战略规划相关的其他研发战略计划和方案包括《联邦大数据研究和发展战略计划》《联邦网络安全研究和发展战略计划》《国家隐私研究和发展战略》《国家战略计算计划》《推进创新神经技术脑研究计划》与《国家机器人方案》等。

该战略规划阐述了美国未来人工智能发展的七大战略,从跨学科基础研究、关键技术研究、人机协作与应用推广等四个层面确定了美国政府推动人工智能发展的基本框架。

(1)通过长期投资推动人工智能发展,包括提升基于数据发现知识的能力、增强人工智能系统的感知能力、了解人工智能的理论能力和局限性、研究通用人工智能、开发可扩展的人工智能系统、促进类人的人工智能研究、开发更强大和更可靠的机器人、推动人工智能的硬件升级以及为改进的硬件创建人工智能。

(2) 加强高效的人机协作方法研究，包括寻找人类感知人工智能的新算法、开发增强人类能力的人工智能技术、开发可视化和人机界面技术以及开发更高效的语言处理系统。

(3) 理解并应对人工智能所带来的伦理、法律和社会影响，包括建立人工智能行为道德体系、设计人工智能行为规范框架、设计人工智能问责制度等。

(4) 确保人工智能系统安全可靠，包括提高可解释性和透明度、提高信任度、增强可验证与可确认性、保护免受攻击以及实现长期的人工智能安全和优化。

(5) 建设人工智能公共数据集和测试平台环境，包括开发满足多样化人工智能兴趣与应用的丰富数据集、开放满足商业和公共利益的训练测试资源以及开发开源软件库和工具包。

(6) 建立人工智能标准和测评基准体系，包括开发广泛应用的人工智能标准、制定人工智能技术的测试基准、增加可用的人工智能测试平台以及促进人工智能社群参与标准和基准的制定。

(7) 开展人工智能研发人力需求研究，包括实施全民计算机科学教育项目人工智能教育子项目建设、为推动战略实施提供人才保障等。

2.1.2 《备战人工智能的未来》

2016年10月，美国政府发布《备战人工智能的未来》，该报告由美国国家科技委员会机器学习与人工智能分委员会完成，对人工智能的发展现状、现有及潜在应用、人工智能技术进步引发的社会及公共政策相关问题进行了分析。

报告认为，只有政府、产业界和公众共同努力，人工智能才能成为经济增长和社会进步的主要驱动力；政府可以发挥多方面的作用，可以在技术开发的同时对其应用的安全性和公平性进行监督，并制定规章制度在保护大众的同时鼓励创新，应该支持基础性研究，支持将人工智能应用于公众福利，政府自身也应使用人工智能更加快捷、有效、经济地服务大众；随着人工智能技术的不断发展，从业者们必须确保以人工智能为基础的系统能够得到有效的管理，确保它们公开、透明、易于理解,确保它们能够和人们一起高效地工作,确保它们的应用不会与人类的价值观和理想背道而驰。该报告还为人工智能的发展提出了 23 条措施建议。

2.1.3 《人工智能、自动化和经济》

2016 年 12 月,美国白宫再次发布了一份关于《人工智能、自动化和经济》的报告。该报告是对《备战人工智能的未来》报告的补充和跟进。报告指出,政府、工业界、技术专家、政策专家以及公众应积极参与人工智能,并推动人工智能国家政策,利于创造共同繁荣的经济社会,释放企业和工人的创造潜力,促进人工智能技术社区的多样性和包容性,确保美国在人工智能的创造和使用中处于领导地位。

该报告调查了人工智能驱动的自动化对经济的预期影响,指出政策制定者需要更新、加强并调整政策,以应对人工智能对经济的影响。影响主要包括五个方面:①提高社会生产率;②就业市场的需求技能发生变化,包括对更高层次技术技能的需求加大;③影响的分布不均衡,对不同部门、薪资水平、教育水平、工作类型和地区的影响不同;④职业的消失变化,新的工作类型出现,劳动力市场可能会出现混乱;⑤劳动者失业问题。

该报告提出了应对人工智能驱动的自动化对整个美国经济影响的三个策略:①投资和利用人工智能的优势;②针对未来的工作类型开展教育和培训;③为转型期间的人员提供帮助,并为确保广泛共享的经济增长赋予劳动者权利。

2.1.4 《美国人工智能倡议》

2019 年 2 月 11 日,美国政府以特朗普总统行政令的形式发布了《美国人工智能倡议》。该倡议称美国是人工智能研发和部署的全球领导者,美国政府将从五个方面维持和加强美国在人工智能领域的科学、技术和经济领导地位:一是联邦政府、产业界和学术界联合推动人工智能技术发展;二是推动人工智能技术标准发展,减少人工智能技术安全测试与应用的障碍;三是训练当前及下一代劳动力掌握开发和应用人工智能的技能,为当前经济和未来就业做好准备;四是提升人工智能技术运用的公众信任度,在人工智能运用过程中保护公民权利和隐私及美国价值观,以充分实现人工智能技术潜力;五是推进支撑美国人工智能研究与创新、营造适应美国人工智能产业发展的国际环境,严防战略对手窃取关键人工智能技术。

2.1.5 《国家人工智能研发战略计划》(2019年更新版)

2019年6月,为进一步推动美国人工智能研发进程,保持美国在该领域的领导地位,特朗普政府对2016年的《国家人工智能研发战略计划》进行了更新。新计划重新评估了联邦政府人工智能研发投资的优先次序,指出扩大公私合作伙伴关系对美人工智能研发至关重要。

(1)对人工智能研究进行长期投资。优先考虑对下一代人工智能的投资,这将推动发现和洞察,并使美国成为人工智能的世界领导者。

(2)开发有效的人类与人工智能协作方法。增加如何理解创建有效补充和增强人类能力的人工智能系统。

(3)理解并解决人工智能的伦理、法律和社会影响。通过技术机制研究人工智能系统,包括道德、法律和社会问题。

(4)确保人工智能系统安全可靠。了解如何设计可靠、安全且值得信赖的人工智能系统。

(5)开发用于人工智能培训及测试的公共数据集和环境。开发并实现对高质量数据集和环境的访问,以及测试和培训资源。

(6)制定标准和基准以测量和评估人工智能技术。为人工智能开发广泛的评估技术,包括技术标准和基准。

(7)更好地了解国家人工智能的研发人力需求。改善研发劳动力发展的机会,从战略上培养一支适合人工智能的劳动力队伍。

(8)扩大公私伙伴关系以加速人工智能的发展。与学术界、产业界、国际合作伙伴及其他非联邦实体合作,促进对人工智能研发持续投资和将进步转化为实际能力。

2.2 美国军方人工智能战略

2.2.1 《美国国防部人工智能战略》

特朗普签署行政命令启动美国人工智能倡议之后的第二天,美国国防部网站于 2019 年 2 月 12 日公布《2018 年国防部人工智能战略摘要——利用人工智能促进安全与繁荣》,分析了美国国防部在人工智能领域面临的战略形势,阐明了国防部发展人工智能能力的途径和方法。

战略目的包括:一是将把人工智能纳入决策和作战,支持和保护位于世界各地的美国军人和平民;二是人工智能将用于保护美国国家安全和公民安全,加强关键基础设施防御;三是利用人工智能创建高效、精简的组织;四是在美国全球国防体系中倡导跨部门、与盟友和伙伴使用人工智能,成为拓展人工智能应用的先驱。

战略举措包括:一是交付应对关键任务的人工智能能力,包括改进态势感知和决策、增强作战装备的安全性、实施预测性维修和补给、精简业务流程;二是与领先的私营领域技术企业、学术界、全球盟友和伙伴合作,包括与学术界和工业界创建重点关注全球挑战的开放人工智能任务,加强与学术界的伙伴关系并培育新的人工智能创新区,加强与工业界的伙伴关系,参与国际联盟和伙伴合作,为开源领域提供数据、挑战、研究与技术,与开源生态体系建立关系;三是培养人工智能人才队伍,包括提供开发前沿人工智能应用从而发挥重要影响的机会,提供全面的人工智能培训,将关键人工智能技能引入军队,打造勇于实验的文化;四是引领全球军事伦理和人工智能安全,包括制定人工智能军事应用准则,投资灵活可靠安全的人工智能研发,支持致力于理解和解释人工智能决策和行为的研究,促进人工智能研究的透明性,开发一套为全球所接受的军事人工智能指南,利用人工智能降低平民伤亡及其他附带毁伤风险。

2.2.2 美国陆军《机器人与自主系统战略》

2017 年 3 月,美国陆军发布《机器人与自主系统战略》,这是美国陆军首份关于机器人与自主系统长远发展的战略性文件,对于指导美国陆军机器人与自主系统发展具有重要意义。

该战略明确了机器人与自主系统未来发展的五个能力目标。一是增强态势感知能力。复杂地形和敌人的多种对抗措施限制了营级以下士兵的观察和作战能力。机器人与自主系统将使部队具备在广阔地区持久监视与侦察的能力,能够进入有人系统无法进入的地区,增加作战距离,提高作战部队生存力。二是减轻士兵身体和认知负担。自主系统能减轻士兵装备负荷,提高士兵的速度、机动性、耐力和作战效能。自主系统可以通过信息收集、组织和优先排序来促进指挥官的决策,提升战术机动性,最终有助于促进任务式指挥。三是提升配送、运输和效率以保障部队。士兵和部队在补给线末端易受攻击。空中和地面无人系统以及自主能力可在每个补给阶段直至最前线的战术补给点提供增强的后勤补给能力,可将物资运输至最急需的补给点,并为陆军向士兵进行后勤分配提供更多选择。四是提升部队行动与机动能力。21世纪的联合兵种机动需要地面作战部队在生理和认知上超越对手。陆军部队可采用机器人与自主系统扩大行动区域的深度,扩展部队行动的时间和空间,提高部队的越障能力。五是为士兵提供安全防护。未来拥挤的、有争议的作战环境增加了士兵暴露在危险环境中的概率。机器人与自主系统技术可以使士兵远离敌方的编队、火箭弹、炮弹和迫击炮弹,提高士兵的生存率。

该战略明确了机器人与自主系统未来发展的三个阶段性目标。一是近期现实目标(2017—2020年),近期投资主要集中于自主技术开发,它能够将自主系统稳步集成到联合兵种机动中,从而改变陆军的作战方式。到2020年,相关概念逐步发展成熟,陆军将启动或继续开展项目研究,以增强态势感知、减轻士兵负担、改善部队保障、促进部队机动并为部队提供防护。主要优先发展事项包括:增强低层级徒步部队的态势感知能力;减轻徒步部队的负担;通过自动化地面补给改善部队保障;通过提高道路清理能力提升部队的行动力与机动性;通过改进排爆机器人、自主系统平台、有效载荷,加强部队防护能力。二是中期可行目标(2021—2030年),陆军将继续深入研究自主性、机器学习、人工智能、能源管理和通用控制技术,研制出更先进的地面和空中无人系统。中期工作重点是继续提高态势感知能力、减轻士兵负担、增强保障和机动性,进一步提高人机协作、先进机器人与自主系统、"蜂群"技术的研发能力,投资主要集中在外骨骼和无人战车等项目。主要优先发展事项包括:利用先进的小型机器人与自主系统以及"蜂群"系统提升态势感知能力,为作战编队提供支持,提高空—地部队的机动性与杀伤力;利用外骨骼技术减轻负荷,即将士兵身体负担转移到机器人与自主系统平台上;通过在新型车辆编队中增加先进的附加机器人系统,支持全自主护卫行动,提高保障能力;利用无人战车和先进载荷提高机动性。三是远期愿景目标(2031—2040年),机器人与自主系统的应用可使指挥官在快节奏、分散式作战行动中始终保持主动性。机器人可代替士兵机动到接近敌军的最危险的地方,以降低执行秘密军事行动的风险,从而使指挥官有更多的选择和更可靠的机动自由。远期的工作重点是替换过时的自主系统并装备新型自主无人系统,将自主系统完全集成到部队武器平台中,使指挥官和士兵无需操控机器人,专心执行任务。下一代无人战车和无人机将使陆军部队指挥官拥有多种选择,能根据不同任务快速决策、组织并投入战斗。主要优先发展事项包括:利用"蜂群"系统的持久侦察功能提升态势感知能力;利用自主空中货运系统提高保障能力;利用先进的无人战车提高机动能力。

2.2.3 美国海军《无人系统战略路线图》

2018年3月,美国海军完成《无人系统战略路线图》,为无人系统纳入海军作战提供指南。5月,海军公布该路线图的执行摘要,描述了海军部当前的无人系统状态,并展望无人系统的未来应用及其提供的能力。此外,路线图还甄别出实现无人系统未来应用的障碍,并概述了克服这些障碍的建议。

美国海军的无人系统愿景是寻求实现无缝集成的有人—无人未来部队。近期内,海军将把无人系统能力集成到全域作战力量中。无人系统力量包将成为作战指挥官可行的第一响应选项。海军须修订条令、组织、训练、装备方案、领导力和教育、人员、设施及政策,为支持这些新兴能力提供必要的基础设施和系统。无人系统将在所有域使用,在与海军作战人员合作时处于最佳状态。

美国海军无人系统的发展目标包括:一是定义维持作战优势所需的无人和自主能力,并确定其优先级;二是能任意部署和维持无人系统;三是利用新兴快速采办程序促成快速的无人系统发展、演示验证和部署;四是影响与武器化无人系统有关的政策和法律;五是提升使用人员对无人系统的信任,以实现有人—无人编队;六是推动国家公众接受无人系统的使用。

要实现这些目标,必须克服各种障碍,包括政策、信任、条令、兵力结构、采办、技术开发等方面。该路线图梳理了30种此类障碍。只有克服了这些障碍,美国海军才能实现一体化有人—无人编队愿景。

2.3 备战人工智能的未来

2016年10月,美国国家科学技术委员会发布《备战人工智能的未来》战略,该战略作为世界上首份国家级人工智能战略,具有很强的指导意义,不仅对美国人工智能发展进行了规划,而且对世界各国人工智能发展提供了参考借鉴作用。

《备战人工智能的未来》译文

1. 摘要

未来,人工智能的作用将越来越重要,美国必须在人工智能领域做好准备。为此,《备战人工智能的未来》调查了人工智能的现状、现有和潜在应用,以及人工智能发展过程中引发的社会和公共政策问题;针对联邦机构和其他参与者的下一步具体措施提出了建议。本报告相关文件《国家人工智能研究研发战略规划》,针对联邦政府资助的人工智能研发制定了战略规划。

1.1 人工智能普惠大众

人工智能与机器学习的一大好处是有助于解决全球面临的一些巨大挑战和效率低下问题,从而改善民生。许多人将人工智能的前景与移动计算的变革性影响相提并论。公共和私营部门在人工智能基础和应用研发方面的投资已经开始在众多领域为大众带来重大利好,包括医疗保健、交通运输、环境、刑事司法、经济包容性等。政府机构通过建设人工智能能力,更加快速、灵活、高效地履行职责,从整体上提高了政府办事效率。

1.2 人工智能与监管

人工智能在汽车和飞机等许多产品中都有应用,这些产品受到严格监管,以保护公众免受伤害和经济竞争的公平性。将人工智能整合到这些产品中会对相关监管方法产生怎样的影响呢?一般而言,出于保护公共安全的目的,在监管与人工智能相关的产品时,应该评估在产品中加入人工智能会减小风险还是会增加风险。此外,如果特定风险刚好属于现有监管范畴,那么相关政策讨论首先应该考虑现有监管要求是否能够充分应对该风险,还是应该因为增加了人工智能因素而进行相应调整。此外,因为人工智能因素的增加而调整监管要求可能会增加合规成本,或减缓有益创新的发展或采用速度,决策者应该考虑如何调整才能降低成本、减少创新障碍,与此同时不会对安全或市场公平性产生负面影响。

目前,与人工智能产品相关的监管挑战已经出现在自动驾驶车辆(如无人驾驶汽车)和配备人工智能装备的无人机系统(UAS)领域。从长远来看,自动驾驶车辆可以减少驾驶员失误、提高个人出行便利,从而减少人员伤亡,而无人机能够提供更多经济利益。但是,随着这些技术的不断试验和成熟,必须考虑如何保护公共安全。为此,美国交通部在机构内部培养专业人员,改进相关监管要求,为试验创建安全控件和试验台,还与产业界及民间团体合作开发基于绩效的监管方法,根据安全操作的效果决定是否适用。

1.3 研究与劳动力

政府在人工智能发展方面发挥着重要作用,主要体现在研发和多元化且熟练劳动力的发展方面。本报告的相关文件《国家人工智能研发战略计划》已经发布。该计划讨论了联邦研发的作用,确定了存在机会的领域,针对如何协调研发以实现利益最大化和建设高素质劳动力提出了建议。

此外,考虑到人工智能的战略重要性,联邦政府有理由密切关注世界范围内人工智能领域的发展,以预警更多关键变革,并对美国政策作出相应调整。

人工智能的快速增长极大地增加了对掌握相关技能人才的需求,以推动人工智能领域的进步。人工智能驱动的世界需要具有"数据素养"的公民,即能够读取、使用、阐释数据并利用数据沟通,同时也需要公众参与到人工智能相关事务的政策辩论中。在美国的科学、技术、工程与数学教育计划中,人工智能知识和教育受到越来越多的重视。人工智能教育已经成为"全民计算机科学"倡议的一个组成部分。"全民计算机科学"是一项总统倡议,旨在推动从幼儿园到高中的所有美国学生接受计算机科学教育,以掌握技术社会所需的计算思维能力。

1.4 人工智能的经济影响

人工智能在短期内的核心经济效应是实现特定任务的自动化。这样可以提高生产力、创造财富,但也可能对特定类型的工作产生不同影响,比如对于可以自动化的技能,劳动力需求会相应减少;而对于可以补充人工智能的技术,需求会增加。白宫经济顾问委员会的分析表明,自动化对低工资岗位的负面影响最大;因此,人工智能驱动的自动化可能会导致不同教育水平的劳动力之间的工资差距,间接导致经济不平等现象。可以通过公共政策处理这些风险,如确保员工接受在职培训,能够胜任可以与自动化互补的岗位,而不是固守与自动化冲突的岗位。还可以通过公共政策确保人工智能创造的经济效益能够惠及广泛人群,并保证人工智能负责任地开创一个全球经济的新时代。

1.5 公平、安全与治理

随着人工智能技术得到更广泛的部署,技术专家、政策分析家和伦理学家开始担心技术的广泛采用可能造成的意外后果。如果在进行涉及人的决策时使用人工智能替代以人为主的官僚流程,会引发一个问题:如何确保公正、公平和问责?这一担忧在一些政府文件中已经有所体现,如政府2014年的报告《大数据:抓住机遇,保留价值》,以及总统科学技术顾问委员会2014年出版的《大数据与隐私:技术视角》。透明度不仅应该体现在涉及的数据和算法上,还应该体现在对基于人工智能的决策的解释上。人工智能专家提醒,在试图理解和预测先进人工智能系统的行为方面存在固有挑战。

使用人工智能控制物理世界的设备引发了人们对安全的担忧,特别是当系统完全暴露在复杂的人类环境中。人工智能安全方面的一个主要挑战是构建的系统如何安全地从实验室这一"封闭的世界"安全过渡到随时可能发生意外的外部"开放世界"。从容不迫地适应不可预见的情况绝非易事,但这对于安全操作来说是必须的。对于人工智能业内人士来说,可以参考其他以安全为重点的系统和基础设施的构建经验,如飞机、发电厂、桥梁和车辆。具体可以参考验证与认证方法,如何针对技术建立安全案例,如何管理风险以及如何与利益相关者沟通风险。

从技术层面来说,公平与安全的挑战是相关的。无论是为了公平还是安全,都要努力避免意外行为,还要能够向利益相关者证明意外故障是小概率事件,以恢复他们的信心。

对人工智能从业者和学生进行道德培训是一个重要的解决方案。在理想情况下,每个人工智能、计算机科学或者数据科学专业的学生都应该参加道德和安全主题的课程和讨论。但是,只培养正确的道德观念还不够,尽管这可以让从业者明白他们的责任,道德培训还需要与技术工具和方法相结合,使良好意图真正转化为实践,通过必要的技术工作防范不可接受的结果。

1.6 全球性考虑与安全

从国际关系和安全的角度考虑,人工智能在许多领域造成了政策问题。随着越来越多的国家、多边机构和其他利益相关者开始接触到人工智能的益处与挑战,人工智能也成为近期国际磋商的一个热门话题。这些实体之间的对话与合作有助于促进人工智能的研发,更好地驾驭人工智能好的一面,解决共同的挑战。

当前,人工智能在网络安全方面的应用非常广泛,并且预计未来在防御与进攻性网络措施中将发挥日益重要的作用。目前,设计和操作安全系统需要专家投入大量时间和精力。如果能够将这些专家的工作部分完全自动化,可以以非常低的成本提高大量系统和应用的安全性,同时也有助于提高国家网络防御的灵敏性。使用人工智能有助于针对不断发展的威胁局面保持快速的响应,包括检测与反击。

人工智能在武器系统中的潜在应用引发了一些严肃问题。在过去几十年中,美国在一些武器系统中整合了自主能力,以提高武器使用的精准度,也使军事行动更加安全和人道。但是,使武器系统脱离人的直接控制存在一定风险,并且可能引发法律和道德问题。

将自主和半自主武器系统整合到美国国防计划的关键在于确保美国政府各机构始终遵循国际人道主义法律,采取适当措施控制扩散,并与合作伙伴和盟友合作制定与此类武器系统开发和使用相关的标准。美国一直积极参与有关致命自主武器系统的国际磋商,并将继续对这些潜在武器系统提出明确的美方观点。美国多个政府机构正在努力针对自主和半自主武器建立符合国际人道主义法律的全政府政策。

1.7 备战未来

人工智能有望成为推动经济增长和社会进步的主要动力,但这需要业界、民间团体、政府和公众同心协力支持人工智能技术的发展。在此过程中必须谨慎行事,以便在发挥技术潜力的同时管理相关风险。

对此,美国政府需要发挥多种作用,包括针对重要议题开展对话,设定公共辩论的议程;随着人工智能应用的发展监控安全性和公平性,与此同时调整监管框架,在鼓励创新的同时保护公众;提供公共政策工具,以确保通过人工智能实现的颠覆性手段和方法在提高生产力的同时避免对特定领域的劳动力造成负面的经济影响;支持基础研究,将人工智能应用于公共利益;发展多元化熟练劳动力。美国政府本身也可以使用人工智能,以更低的成本为公众提供更快、更高效的服务。公共政策的许多领域,如教育、经济安全网、国防、环境保护和刑事司法将随着人工智能的持续发展而出现许多新机遇和挑战。美国政府必须继续建设能力以理解和适应这些改变。

随着人工智能技术的不断发展,从业者必须确保基于人工智能的系统可治理;这些系统必须开放、透明、可理解;可以有效地进行人机协作;系统的运行必须符合人的价值观和愿景。研究人员和从业者已经开始加强对这些挑战的关注,并且将持续聚焦于这些问题。

发展和研究机器智能可以帮助我们更好地理解和欣赏人类智慧。谨慎使用人工智能可以增强人类智慧,帮助我们绘制更美好、更明智的未来蓝图。

2. 引言

人工智能有望解决当今社会面临的一些巨大挑战:智能汽车每年可以在全

球范围内挽救数十万人的生命,提高老年人和残障人士的交通能力;智能建筑可以节约能源,减少碳排放;精准医疗可以延长生命,提高生活质量;智能化政府可以更加迅速、精准地服务市民,保护危在旦夕的人,节省资金;教师可以借助人工智能技术让更多学生接受教育,为他们打开通向安全、充实人生的大门。如果我们专注于人工智能有益的一面,并且谨慎考虑其风险和挑战,将更多地从中受益。

美国一直处于人工智能基础研究的最前沿,目前为止政府对该领域的支持主要来自联邦研究经费和政府实验室。联邦政府对非机密人工智能研发的支持通过"网络与信息技术研究与开发"计划管理,主要由国防高级研究计划局、国家科学基金会、国立卫生研究院、海军研究办公室和智能高级研究项目活动提供支持。国家级重大研究工作,如"国家战略计算倡议""大数据倡议""通过推动创新神经技术进行脑研究倡议",间接推动了人工智能研究的发展。人工智能技术的当前和预期效益巨大,可以提高国家的经济活力和生产力,增加人民福祉。《国家人工智能研发战略计划》详述了联邦资助的人工智能研发的战略布局。

人工智能在未来将发挥越来越重要的作用,为了让美国对此做好准备,本报告调查了人工智能的现状、现有和潜在应用以及人工智能发展在社会和公共政策方面引发的问题;还为联邦机构和其他行为体提出了下一步行动的具体建议。

2.1 人工智能的简要历史

自电子计算机诞生以来,使计算机具有人类智能就是计算机专家的梦想。尽管"人工智能"这一术语直到1956年才出现,但这一领域的根源至少可以追溯到20世纪40年代。人工智能这一概念在阿兰·图灵1950年的著名论文《计算机器和智能》中形成。图灵在这篇论文中提出了"机器是否能够思考"的问题,并提出了一项可以回答这个问题的测试:对机器进行编程让它像小孩一样从经验中学习。

在随后的几十年中,人工智能领域的发展经历了坎坷历程,因为有些人工智能研究问题的复杂程度超出了人们的预期,而有些问题在当时的技术水平下根本无法克服。直到20世纪90年代后期,人工智能的研究进展才开始加速,因为研究人员开始更多地关注人工智能的次要问题和人工智能在真实世界的应用,如图像识别和医疗诊断等。一个早期的里程碑事件是1997年IBM公司的国际象棋计算机"深蓝"战胜世界冠军加里·卡斯帕罗夫。其他的重大突破包括国防高级研究计划局的"学习和组织的认知主体",后来发展为苹果公司的Siri;IBM公司的计算机Watson在电视游戏节目"危险边缘"中获胜;21世纪初无人驾驶汽车在国防高级研究计划局的"大挑战"比赛中取得出人意料的成功。

当前人工智能发展和热情的浪潮始于2010年,由三个互为基础的因素推动:来自电子商务、贸易、社交媒体、科学界和政府的大数据;为显著改进的机器学习方法和算法提供了原料;机器学习和算法依赖于更强大的计算能力。在这一时期,人工智能进展的步伐让人工智能专家也感到震惊。例如,在一次备受关注的图像识别挑战中,根据一项误差测量,人为错误率为5%,而人工智能的最好结果从2011年26%的错误率降低到了2015年的3.5%。

同时,产业界一直在增加人工智能领域的投入。2016年,谷歌公司CEO桑达尔·皮查伊说:"机器学习作为人工智能的一个子领域,是一种核心的变革性方法,它令我们重新思考做所有事情的方法。我们谨慎地将它应用于所有产品中,不管是搜索、广告、YouTube还是GooglePlay。尽管我们还处于早期阶段,但我们会以系统的方式将机器学习应用于所有这些领域"。科技行业的CEO们普遍认为,人工智能将对软件的创造和交付产生广泛影响,其中包括IBM公司的吉尼·罗梅蒂,她声称已经将整个公司作为人工智能这场赌注的筹码。

2.1.1 人工智能是什么?

目前,人工智能还没有被从业者普遍接受的定义。有人将人工智能宽泛地定义为能够表现通常认为需要智能行为的计算机系统。也有人将人工智能定义为在真实世界遇到各种问题时能够解决复杂问题或采取适当行为,实现目标的系统。

专家对人工智能问题及其解决方案的分类也不同。一本知名的人工智能教材采用下列的分类:①像人一样思考的系统(如认知架构和神经网络);②像人一样行动的系统(例如,使用自然语言处理通过图灵测试、知识表达、自动化推理和学习);③理性思考的系统(例如,逻辑运算器、推理和优化);④理性行动的系统(例如,智能软件代理和通过感知、规划、推理、学习、沟通、决策和行动来实现目标的机器人)。另外,风险投资家弗兰克·陈将人工智能的问题空间分成了五大类:逻辑推理、知识表达、规划和导航、自然语言处理,以及感知。人工智能研究人员佩德罗·多明戈基根据人工智能研究人员使用的方法将他们分为五个群体:"符号主义者"使用基于抽象符号的逻辑推理;"连接主义者"受人类大脑启发构建结构;"进化主义者"使用的方法受到达尔文进化论启发;"贝叶斯主义者"使用概率推理;"类比主义者"根据以前看到的相似案例进行推断。

由于人工智能问题和解决方案多种多样,人类对算法性能和准确性进行评估的人工智能基础也多种多样,因此无法确定一条明确的界线,界定哪些成分构成了人工智能。例如,许多人工智能研究人员开发的用于分析海量数据的技术,如今被定义为"大数据"算法和系统。在某些情况下,观点会发生改变,如某个问题在得到解决之前被视为需要人工智能,而一旦有了众所周知的解决方案后,就会被视为常规的数据处理。虽然人工智能的边界尚未确定并且随着时间的推移而改变,但重要的是,智能行为的自动化或重复多年来一直是人工智能研究和应用的核心目标。

2.1.2 人工智能的现状

目前,在所谓的"狭义人工智能"方面已取得了显著进展。狭义人工智能处理具体的应用领域,如战略游戏、语言翻译、无人驾驶车辆以及图像识别。狭义人工智能是许多商业服务的基础,例如行程规划、购物推荐系统和定向广告,在医疗诊断、教育和科学研究等领域也实现了重要应用。这些应用具有重大的社会效益,为国家经济活力也做出了贡献。

通用人工智能(或 AGI)是指理论上的未来人工智能系统,能够在全范围认知任务中表现出至少和人类一样先进的智能行为。当前,在狭义人工智能和难度大得多的通用人工智能之间存在一条巨大的鸿沟。在几十年的研究中,通过扩展狭义人工智能解决方案实现通用人工智能的尝试进展甚微。来自私营部门的专家一致认为,通用人工智能至少在几十年内仍然无法实现,国家科学技术委员会技术分委员会对此也表示认同。

长久以来,人们一直在思考计算机的智能超越人类将带来何种影响。有人预测,拥有足够智慧的人工智能可以承担起研发更先进、更智能系统的任务,这些系统随后接替它们的工作,研发更先进的人工智能。理论上,这最终会引发"智能爆炸"或导致"奇点"的出现,使机器的智能迅速超过人类。

对此,一种反乌托邦的观点是,这些"超级智能"机器在理解和控制方面的能力将超过人类。如果计算机可以对大量关键系统施加控制,可能会引起一场浩劫:最好情况是人类不再能够掌控自己的命运,最坏情况是人类将灭绝。这种场景一直是科幻故事的主题,但最近一些有影响力的行业领袖的声明加深了这些恐惧。

不过,很多研究人员持有更加积极的看法,他们认为开发运行良好的智能系统不仅可以作为人类的帮手、助理、陪练和队友,而且可以从设计上使其安全、同时遵守伦理道德地操作。

国家科学技术委员会技术分委员会评估后认为,在超级智能通用人工智能方面的长期担忧应该不会对当前政策产生很大影响。不管这些担忧是否合理,联邦政府在近期到中期采取的政策几乎没有差别。为了建设应对长期风险的能力,最佳方法是先解决目前已知的非极端风险(如当前的安全和隐私风险),与此同时在长期能力的研究和如何管理挑战方面增加投入。此外,随着人工智能领域研究和应用的不断成熟,政府和商业领域的人工智能从业者在采用先进成果时,除了考虑技术问题以外,还应充分考虑可能存在的长期社会和道德问题。出于谨慎起见,应该留心未来可能出现的有害超级智能,但不应该将这方面的担忧作为人工智能公共政策的主要推动力。

2.1.3 机器学习

机器学习是人工智能最重要的技术方法之一,也是人工智能许多最新进展和商业应用的基础。当代机器学习是一个统计过程,首先从数据主体出发,试图推导出一些可以解释数据或预测未来的规则或程序。这种从数据中学习的方法与以前人工智能采用的"专家系统"法不同,即程序员首先向领域专家学习用于决策的规则和标准,然后将这些规则转换成软件代码。专家系统是模仿人类专家使用的原则,而机器学习则依赖于统计方法得到可实操的决策过程。

机器学习的一个优点是,即使在无法清楚阐述解决特定问题的规则时也可以使用这种方法。例如,运行在线服务的公司可以使用机器学习检测欺骗性用户登录。首先,可以通过事后分析将之前的登录标记为欺诈性或者非欺诈性,形成一个数据集。然后,可以在这个数据集的基础上利用机器学习得出一个规则。将该规则应用于未来的登录尝试,可以预测出欺诈性登录,以采取额外的安全措施。从某种程度上来说,机器学习不是用于解决特定问题的算法,而是一种更为通用的方法,只要获得相关数据集就可以用于寻找多个不同问题的解决方案。

在应用机器学习时,首先从一个历史数据集出发,将这个历史数据集分为一个训练数据集和一个测试数据集。然后需要选择一个模型,也就是一个包含一系列决策规则的数学结构,其中包含可调整的参数。可以把这个模型想象成一个"盒子",而参数就是盒子上的调节扭,可以控制盒子的操作。在实践中,一个模型可能有数百万个参数。

此外,实践者必须定义一个目标函数,用于评估选择特定参数后产生结果的满意度。目标函数中通常会包含一种奖励机制,用于奖励紧密的配对训练数据集和简单算法的使用。

训练模型是指调整参数以实现目标函数最大化的过程。训练是机器学习的技术难点。一个包含数百万参数的模型能够得到的结果可能是一个天文数字,这是其他任何算法都无法企及的。因此,成功的训练算法必须能够智能地探索参数设置空间,以便使用可行的计算量得出最佳设置。

完成了对模型的训练后就可以使用测试数据集评估模型的准确性和有效性。机器学习的目标是建立一个可以一般化的经过训练的模型。一般化是指不仅对于训练数据集的实例具有准确性,对于从未遇到的未来案例也是如此。这种模型在图像标记等狭义人工智能任务上表现得比人更好,但在无法预测的情况下,即使是最好的模型通常也会失败。例如,对于一些随机噪声来说,人可以清晰分辨,但许多图像标记模型却不行,即使是具有很高可信度的经过训练的模型也会将其标记为特定对象。

使用机器学习的另一个挑战是,对于经过训练的特定模型为什么通常无法提取或生成一个直观的解释。因为经过训练的模型包含大量可调节的参数,通常可以达到数百万甚至更多,训练可能会得出一个"可行"的模型,但这种可行仅指数据能够匹配,并不代表这个模型就是最简单的可行模型。人在决策过程中出现的不透明性通常是因为没有充分的信息说明如何得出的决策,即决策者无法清晰地阐述为何决策是对的。但在机器学习过程中,决策的所有步骤都具有准确的数学精确度,但信息过多导致无法做出清楚的解释。

2.1.4 深度学习

近年来,机器学习领域中最引人注目的进展来自深度学习这一子领域,也就是深度网络学习。深度学习使用的结构大致受人脑结构启发而来,由一组单元(或"神经元")组成。每个单元由一组输入值产生一个输出值,再向下传递到其他神经元。例如,在图像识别应用中:第一层单元结合图像的原始数据识别出简单模式;第二层单元结合第一层的结果识别出模式中的模式;第三层单元结合第二层的结果;以此类推。

深度学习网络通常使用多层(有时会超过100层)结构,并且在每一层中使用大量单元,识别数据中极其复杂、精密的模式。

近年来,随着体积更大、速度更快的计算机系统的出现,更大规模的深度学习网络使用成为可能,因此出现了一些关于如何构建和训练深层网络的新理论。这些超大型网络在许多机器学习任务中取得了惊人的成功,这让一些专家喜出望外,也是当前人工智能研究人员和从业者推崇机器学习热潮的主要原因。

2.1.5 自主与自动化

人工智能经常被应用于可以控制实体执行器或触发在线操作的系统中。当人工智能开始和日常世界发生接触的时候,就出现了自主、自动化和人机协同等问题。

自主是指系统在很少或没有人类控制的情况下,在不断变化的环境中运行和适应的能力。例如,自主汽车可以自行驾驶到目的地。尽管许多文献主要聚焦于汽车和飞机的自主,但自主这个概念实际上要广泛得多,包括自动金融交易和自动内容审查系统等应用场景。自主还包括可以分析和修复自身运行故障的系统,如识别和修复安全漏洞。

自动化是指用机器可以完成此前由人完成的工作。自动化既与实体工作有关,也与可以由人工智能替代的精神或认知工作有关。自工业革命开始,自动化及其对就业的影响就一直是重要的社会和经济现象。人们普遍认为人工智能能够使许多工作自动化,但对于人工智能仅仅是自动化历史上的下一个篇章,还是能够以前所未见的方式影响经济这个问题还存在分歧。

2.1.6 人机协同

自动化是用机器代替人工作,但在某些情况下,需要机器协助人工作。人机协同可以是人工智能发展的一个副作用,或者某些系统专门为了形成人机协同而开发。用于补充人类认知能力的系统有时被称为"智能增强"。

在许多应用中,人机协同通过两者的优势互补实现效力的最大化。例如在国际象棋比赛中,将较弱的计算机选手与人组队,通常可以打败较强的计算机选手,尽管顶级的计算机选手比任何人都强得多。另一个实例来自放射学领域,在最近的一项研究中,根据淋巴结细胞图像判断细胞中是否含有癌细胞时,一种基于人工智能的方法错误率为 7.5%,人类病理学家的错误率是 3.5%,两者结合后错误率降低到 0.5%,相当于减少了 85% 的错误。

3. 公众宣传与报告撰写

本报告由国家科学技术委员会机器学习与人工智能分委员会编制。机器学习与人工智能分委员会设立于 2016 年 5 月,目的是促进跨机构协调,为人工智能相关主题提供技术和政策建议,密切关注产业界、研究界和联邦政府的人工智能技术发展。本报告发布之前白宫科技政策办公室在 2016 年开展了一系列公共宣传活动,目的是让政府官员思考人工智能领域的各个主题、听取专家和公众意见。人工智能公共宣传活动包括五次多机构联合举办的公众研讨会,以及一次信息征求。公众研讨会如下:

(1)"人工智能、法律与治理"(5 月 24 日,西雅图,由科技政策办公室、国家经济委员会和华盛顿大学共同主办);

(2)"人工智能造福社会"(6 月 7 日,华盛顿特区,由科技政策办公室、人工智能发展协会和计算社区联盟共同主办);

(3)"人工智能的未来:全球创业峰会新兴主题与社会福祉"(6 月 23 日,帕洛阿尔托,由科技政策办公室和斯坦福大学共同主办);

(4)"人工智能技术、安全与控制"(6 月 28 日,匹兹堡,由科技政策办公室和卡耐基·梅隆大学共同主办);

(5)"人工智能的社会与经济影响"(7 月 7 日,纽约,由科技政策办公室、国家经济委员会和纽约大学共同主办)。

除了这五次研讨会以外,私营部门也参与组织了单独的会议或者分会场,政府工作人员出席了这些会议。公共活动的总参与人数超过 2000 人,此外还有国际在线直播的观众,仅仅华盛顿特区研讨会的直播观看人数已经超过 3500 人。

科技政策办公室还发布了信息征求,寻求公众对研讨会主题的意见。信息征求于 2016 年 7 月 22 日截止,共收到 161 份回复。白宫科技政策办公室于 2016 年 9 月 6 日发布了对该信息征求的意见。

4. 人工智能应用于公益领域

人工智能和机器学习一个令人欣慰的方面是具有改善民生的潜力,因为这些技术有助于解决全球面临的一些巨大挑战和效率低下问题。有人将人工智能的前景与移动计算带来的变革性影响相提并论。公共和私营部门在人工智能基础和应用研发上的投资已经开始在许多领域为公众带来重要福利,如医疗保健、交通运输、环境、刑事司法、经济包容性等。

沃尔特·里德医疗中心退伍军人事务部利用人工智能更好地预测医疗并发症,改进对严重战斗创伤的治疗,使治疗结果更好,加快了治愈速度、降低了成本。约翰·霍普金斯大学使用相同的一般化方法,预测并发症并进行预防性治疗,减少了医院感染。由于目前已经实现电子病历的转化,对医疗数据进行预防性分析在许多医疗领域发挥着重要的作用,如精准医疗和癌症研究。

在交通运输领域,基于人工智能的智能交通管理应用在一些地方减少了等待时间和能源消耗,排放量降低了 25%。许多城市现在开始将叫车服务中使用的响应式派车和路径规划用于公共交通中的调度和跟踪软件,以提供公共交通的实时使用。对于公众来说,这样做可以使公共交通的速度更快、更便宜,并且更容易使用。

有些研究人员利用人工智能改进对动物迁徙的跟踪,他们使用人工智能图像分类软件分析来自公共社交媒体网站的旅游照片。该软件可以识别照片中的动物,然后使用数据和照片上的位置标记建立动物迁徙数据库。在科技政策办公室的"人工智能造福社会"研讨会上,有研究人员提到目前建立了鲸鱼和大型非洲动物数量统计和迁徙的最大规模数据库;有人提到要发起一个追踪"海龟互联网"的项目,以更好地了解海洋动物;有人称可以使用人工智能优化反盗猎工作人员的巡逻策略和栖息地保护区的设计策略,以最大限度地保护濒危物种的基因多元化。

目前已经开始使用携带精密传感器的自主帆船和船舶在海洋上巡逻,收集北极冰川和敏感海洋生态系统的变化数据,对于载人船只来说,这些行动成本过高或存在危险性。自主船舶与载人船舶相比成本低得多,并且未来有可能应用于协助天气预测、气候检测以及违法捕捞巡查。

人工智能在改进刑事司法体系方面也存在潜力,包括犯罪报告、巡查、保释、量刑和假释决定等方面。本届政府正在探索如何利用人工智能负责任地促进当前的一些举措,例如"数据驱动司法"和"警用数据"倡议。这些倡议旨在为执法和公众提供可以在刑事司法体系中加强决策的数据,同时也尽可能降低人工智能因缺乏可用数据而导致偏见或不准确的概率。

一些美国学术机构发起了利用人工智能解决经济和社会挑战的计划。例如,芝加哥大学建立了一个学术项目,利用数据科学和人工智能解决失业和儿童辍学等公共挑战。南加州大学成立了"社会人工智能中心",该机构致力于研究计算博弈理论、机器学习、自动规划和多智能体推理技术如何帮助解决社会问题(如流离失所)。同时,斯坦福大学的研究人员试图利用机器学习解决全球贫困问题,他们使用人工智能分析潜在贫困地区的卫星图像,确定哪些地区最需要帮助。

人工智能在公共利益上的许多应用依赖于可用的数据,这些数据用于训练机器学习模型、测试人工智能系统的性能。相关机构和组织如果能够在不影响个人隐私和商业机密的情况下将数据与研究人员共享,将有助于人工智能的发展。数据模式和格式的标准化可以降低新数据集使用的成本和难度。

建议1:鼓励私营机构和公共机构研究能否以及如何负责任地利用人工智能和机器学习造福社会。在业务中不涉及先进技术和数据科学的社会司法和公共政策机构应考虑与人工智能研究人员和从业者建立伙伴关系,将人工智能策略应用于机构正在处理的广泛社会问题中。

建议2：联邦机构应优先考虑公开人工智能训练数据和数据标准。政府应强调公开特定数据库，以便利用人工智能解决社会挑战。潜在举措包括：发起"人工智能数据开放"计划，通过公开大量政府数据集加速人工智能的研究，鼓励跨政府、学术界和私营部门使用公开的数据标准和最佳实践。

5. 联邦政府中的人工智能

政府正在努力制定政策、形成内部实践，以实现人工智能经济和社会利益的最大化并促进创新。具体的政策和实践如下：

(1) 投资基础和应用研发项目；

(2) 亲身体验，从人工智能技术及其应用早期用户的角度为公众提供服务；

(3) 支持试点项目，根据实际环境设置测试平台；

(4) 向公众开放数据集；

(5) 资助激励性奖励；

(6) 发起并开展"大挑战"，为人工智能设定宏伟但可实现的目标；

(7) 为人工智能应用的严格评估提供资金，以衡量影响和成本效益；

(8) 建立在促进创新的同时保护大众免受伤害的政策、法律和监管环境。

5.1 在政府中使用人工智能以改善服务、造福人民

在使用人工智能改善服务时的挑战在于，联邦政府提交人通过促进和利用创新来提高为人民服务的水平。但是针对不同的机构，联邦政府开展工作的能力差异很大。有些机构更注重创新，这些机构通常拥有大量研发预算，人员组成中包括许多科学家和工程师，已经形成勇于创新的文化，与私营部门创新者保持着紧密合作。其中，许多机构还有专门负责为高风险、高回报的研究提供支持的组织（如国防部和能源部，以及情报体系的高级研究计划局），具备全面覆盖的研发资金，从基础研究到高级开发。还有一些机构，如国家科学基金会，将研究和开发作为主要任务。

但是，也有一些机构在相关能力、资源和专业人士方面的水平较低，尤其是那些负责减少贫困和增加经济与社会流动性的机构。例如，国立卫生研究院的研发预算超过300亿美元，而劳工部的研发预算只有1400万美元。这限制了劳动部探索各种人工智能应用的能力，比如利用基于人工智能的"数字导师"技

术提高非高等学历工人的技能和收入。

美国国防高级研究计划局的"教育主导"计划是发挥人工智能潜力、实现并加速完成重点工作的典范。美国国防高级研究计划局为了将培养海军新兵成为具有技术特长的专家所需的时间从数年减少到数月,目前正在资助开发一种"数字导师",使用人工智能技术对专家和新手之间的互动建模。对数字导师计划的评估表明,在书面知识测试和解决现实问题两方面,使用数字导师成为信息系统管理员的海军新兵通常比具有7~10年经验的海军专家表现更好。

数字导师试点项目的初步证据还表明,完成数字导师培训计划的工人更有可能获得可以显著提高收入的高技术工作。这种工资增幅远远大于当前劳动力发展计划的影响。理想情况下,可以用独立进行的随机对照试验证实这些结论。目前,开发数字导师的成本较高,而且在开发有效的数字导师时缺乏有效的可重复方法。研究可以促进人工智能方法在产业中兴起,从而帮助工人获得更高的技能。

建议3:联邦政府应探索能够提高关键机构在主要任务中应用人工智能方法能力的途径。例如,联邦机构应探索是否有能力建立类似美国国防高级研究计划局的组织,以支持高风险、高回报的人工智能研究及其应用。例如,教育部提议建立"教育部高级研究计划局",以支持研发并确定人工智能和其他技术能否显著提高学生的学习成果。

建议4:国家科学技术委员会机器学习与人工智能分委员会应在政府内部建立人工智能实践群体。各机构应合作制定和共享在政府工作中使用人工智能的标准和最佳实践。各机构应保证联邦雇员培训计划中包含与人工智能相关的培训机会。

6. 人工智能与监管

人工智能在许多产品中都有应用,如汽车和飞机,因此在监管方面必须注重保护公众免受伤害,同时确保经济竞争的公平性。将人工智能整合到这些产品中会对相关监管方法产生怎样的影响? 一般而言,在监管与人工智能相关的产品以保护公共安全时,应该评估在产品中加入人工智能会减小风险还是会增加风险。如果特定风险刚好属于现有监管范畴,相关的政策讨论首先应该考虑现有监管要求是否能够充分处理好该风险,或者是否应该作出调整。此外,如果因为增加了人工智能因素而调整监管要求可能增加合规成本或减缓有益创新的发展或采用速度,决策者应该考虑如何调整以降低成本,减少创新障碍,与此同时不会对安全或市场公平性产生负面影响。

公众对信息征求的评论形成了一个共识:当前不适宜对人工智能研究或实践施加广泛的监管。评论者认为,现有监管目标和结构已经很充分,只需要根据人工智能的影响加以调整。例如,评论者建议调整对机动车的监管,因为需要预测自主车辆出现后的情况,现有车辆安全监管结构也需要进行必要调整。在此过程中,各机构必须始终铭记监管的根本目标在于保障公共利益,同时为人工智能的创新和发展创造空间。

对人工智能等技术的有效监管要求各机构在内部配备技术专家,以协助指导监管决策。在监管部门和机构中,监管过程的各个阶段都需要高级专家的参与。在联邦政府内部可以通过人员委派和交流模式(例如聘用权威人士),发展可以对技术发展的当前状态提供多元化观点的专家力量。在这方面的一个实例是"《政府间人员交流法案》流动性计划",即在联邦政府、州政府和地方政府、院校、印第安部落政府、联邦资助研发中心和其他符合条件的机构之间临时借调人员。有策略地利用该计划,可以帮助各机构填补职位空缺,提高各机构聘用具有不同技术背景候选人的能力。参与该计划借调的联邦雇员还可以发挥招聘者和大使的作用。例如,被委任到院校担任指导人员的联邦雇员可以鼓励学生考虑应征联邦政府的工作岗位。同样,不同岗位和部门间轮转计划有助于政府雇员获得更多知识与经验,更好地指定监管政策,特别是与人工智能等新兴技术相关的领域。

建议5:各机构在制定人工智能产品的监管政策时应听取资深技术专家的意见。对人工智能产品的有效监管需要机构领导、了解现有监管框架和普遍监管实践的人员,以及具有人工智能知识的技术专家之间的协作。机构领导应积极聘用必要的技术人才,或在现有机构员工中发掘这方面的人才,并且应确保在讨论监管政策时专业人士具有充分的"发言权"。

建议6:各机构应利用全面的人员任命和交流模式(如聘用权威人士),培养对当前技术状态具有更多元化观点的联邦劳动力量。

6.1 案例研究:自主汽车和飞机

目前,有机构正面临更新法律法规以管理基于人工智能的新产品的挑战。例如,交通部在考虑纳入针对自主汽车和无人机系统时遇到的问题,就交通部而言,国家公路交通安全管理局负责自主汽车的监管,联邦航空管理局负责自主飞机的监管。

6.1.1 自主的前景

人工智能在车辆和飞机上的应用符合公众的想象。如今的新型汽车具有基于人工智能的驾驶员辅助功能,如自动停车和可以让汽车保持在车道内并根据周围车辆情况调整速度的先进巡航控制。有人员监控的实验性全自动化汽车已经开始在道路上行驶。专家们对此得出了一个共识,自动化地面车辆技术最终将比人类司机更安全,并且有望在将来显著减少由交通事故造成的伤亡。目前每年在国道上发生的死亡事故约为十万起。

自动驾驶车辆为无法开车的老年人和残障人士提供了更大的便利。来往接驳和其他新兴交通方式能够为难以享受就业、医疗和日常购物等基础服务的社区提供前所未有的机会。设计良好的自动驾驶车辆系统能够预测和避免碰撞,还可以显著减少与交通有关的碳排放和能源消耗。政府正在采取措施使这一愿景成为现实,总统 2017 财年预算中提议将 39 亿美元用于交通部自动化及联网车辆方面的研究、开发及部署,以确保美国在自动驾驶车辆技术方面保持领先。

20 世纪 90 年代初以来,商用无人机在国家空域系统中的飞行就已经受到限制。直到最近,无人飞行系统仍然主要用于支持政府行动,如军事和边境安全行动。近年来,无人机系统的潜在应用范围迅速扩大,如用于航拍、土地和农作物测量、监测森林火灾、应对灾害以及检查关键基础设施。一些政府机构已经开始利用无人机推进任务。此外,美国已经有数千人获得了美国联邦航空管理局颁发的商业无人机操作许可。2016 年 8 月生效的美国联邦航空管理局"小型无人机系统规则"和 2015 年 12 月正式启动的"小型无人机系统飞机注册服务"加快了许可的颁发流程。美国联邦航空局估计,到 2017 年 8 月,已注册用于商业用途的无人机数量将超过 60 万。

一项关于将无人飞行系统纳入领空的经济影响评估显示，在纳入后的前三年，无人飞行系统创造了超过 136 亿美元的经济价值，并且预计随后将出现可持续的增长。国际无人驾驶系统协会 2013 年的一项研究预测，商用无人机产业将为美国经济带来超过 820 亿美元的收入，并在未来十年内创造超过 10 万个就业岗位。据预测，在纳入后的前十年里，美国各州的税收收入将增加至少 4.82 亿美元。

6.1.2 确保安全

要实现这些前景技术的潜在利益需要政府采取措施保证空域和道路的安全，与此同时继续培养创新和增长文化。美国的航空系统是全球最安全、也是最复杂的航空系统，因此公众需要联邦航空管理局的监督建立安全标准。《联邦机动车安全标准》为制造商开发安全的地面车辆提出要求；高速公路安全管理局负责在存在不合理安全风险时召回车辆。目前有许多机会可以减少公路和道路死亡人数，车辆每行驶 1 亿英里里程，死亡人数大约为 1 人。要使自动车辆达到或优于这个标准是一项艰巨的挑战。

在安全敏感环境中应用人工智能技术存在几点挑战。首先是需要将人驾驶汽车或飞机时的责任翻译为软件语言。与其他狭义人工智能的成功应用不同，目前没有对操作车辆或飞机这类任务的简洁描述。这些操作复杂、多面，职责包括引导载具、探测和规避障碍、处理轮胎漏气之类的机械故障。虽然现有狭义人工智能已经有类似导航或者特定类型感知子任务的解决方案，但没有将这些任务进行过集成或优先排序。遵守交通法规对于软件系统来说也不是容易的事，即便熟练的司机也可能会为了避免事故或者经过并排停放的车辆而越过双黄线。虽然这些情况比较罕见，但也不能忽略，因为算法要求事故率至少应该与人类司机驾驶时相当，所以系统必须尽可能多地处理这些罕见情况。

对于依赖于机器学习的系统，如果要求系统正确处理罕见情况，需要体现在系统设计和测试上。如果训练数据集中有类似案例，那么机器学习方法正确处理案例的概率就会更高。挑战在于如何建立一个能够包括充足罕见案例的数据集。商业航空已经建立了在业内共享安全事件和安全数据的机制，但新近获得许可的无人机系统操作人员尚不了解传统航空业的安全和问责文化，还没有形成安全报告的习惯。目前，汽车行业并没有类似的系统，只有死亡事故会报告,而关于其他交通信息的收集和报告则非常少,即使有也只是在州或地方一级,并且报告形式并不统一。由于缺乏一致的安全数据和险兆数据报告,建立系统安全性需要运行的里程和时间也随之增加,对某些需要通过大量测试验证的人工智能方法造成了障碍。

为了进行安全测试,联邦航空管理局在全国指定了六家无人机系统测试场,并提供了在这些测试场进行无人机操作的整套授权。在这些试验场进行的活动包括一个国家航空航天局的项目,该项目旨在扩展关于无人机系统交通管理的长期研究,主要确定大规模超视距无人机系统在低空运行的操作要求。同样,目前也有一些地面车辆测试平台,如"联网车试点"以及在俄亥俄州哥伦布市部署自动汽车。哥伦布市在2016年赢得了交通部奖金4千万美元的"智慧城市挑战赛"。这些地面测试平台将为人工智能研究人员提供丰富的基准和交互数据。

建议7:交通部应与产业界和研究人员合作,寻找加强用于安全、研究和其他目的的数据共享方法。考虑到人工智能未来在地面和空中的重要性,联邦机构参与者应该着眼于在近期建立不侵犯消费者隐私的丰富数据集,然后随着技术的成熟为制定政策提供更多信息。

6.1.3 调整当前监管措施

虽然美国对空域和公路的监管方法不同,但考虑纳入自主汽车和无人机的目标相同:联邦航空管理局和高速公路安全管理局都在制定灵活、可调整的框架,在保证安全的同时鼓励创新。

在空域监管方面,由航空管理局颁布,于2016年8月29日生效的"小型无人机系统"最终规定,是将无人机系统纳入空域管理的一项重大举措。该规定批准了重量小于55磅的无人机可用于广泛的非娱乐飞行。该规定限制飞行必须在白天,高度不得超过400英尺,飞行器必须由持有执照的操作人员控制,必须在操作人员的视线直视范围内,不允许从人群上方飞过。后续规定正在计划中,随着经验和数据的增加,限制条件也将逐步放宽。交通部目前正在起草《规章发布通知》,提议针对在人群上空操作的特定类型"微型无人机系统"制定监管制度,预计未来将对更多操作施加监管要求。

联邦航空管理局尚未宣布将制定允许完全自主飞行的明确监管规定。虽然将自主飞行器安全纳入空域是一个复杂的过程,但相关技术趋近成熟,因此联邦航空管理局正在为此做准备,以便在未来允许无人机和有人驾驶飞机在空域系统中的共同翱翔。

在空域管理方面,可以使用基于人工智能的新方法改进空中交通管制系统。当前,空中和地面集成存在诸多限制,并且空地任务主要依赖人与人的通信,考虑到未来空中交通的密度和操作多样性,现有空域管理架构将不堪重负。2007年(有可靠的公开数据的最近一年)美国空中交通延误导致的支出约为312亿美元,随着此后用户数量的增加,这一数字也在增加。尽管有些延误是由于天气等不可避免的原因引起,但通过采用新的航空技术、促进性政策和升级基础设施,可以显著提高美国空域的运行效率。对此,一种解决方案是基于人工智能与机器学习的基础架构。这种架构能够更好地适应广泛的空域用户,包括有人和无人驾驶飞机,从而更有效和安全地使用空域。开发和部署这些技术有助于确保提高空域用户和服务提供商的全球竞争力,与此同时提高安全性、降低成本。

对于地面交通,当前有助于建立通用框架的最重要举措是2016年9月20日政府发布的《联邦自动驾驶车辆政策》。政策包含以下几个部分。

(1)为制造商、开发商和其他组织制定了15条"安全评估"指南,用于高度自动驾驶车辆的安全设计、开发、测试和部署。

(2)示范性州政策,明确区分了联邦政府和各州的职责,为各州提出建议考虑的政策领域,目标是形成自动驾驶车辆测试和运行的全国一致性框架,同时给各州留出试验空间。

(3)分析高速公路安全管理局当前监管措施中有助于自动驾驶车辆安全发展的内容,例如阐释当前规定以允许适当的设计灵活性、提供有限的豁免以允许对非传统的车辆设计进行测试以及确保不安全的自动车辆不得上路。

(4)讨论高速公路安全管理局未来可以考虑的新工具和权力,以帮助新型救生技术安全、有效地发展,并确保将安全技术部署到道路上。

随着新数据的收集和研究的完善,交通部将定期更新指南和示范性州政策。

建议8:美国政府应投资先进自动化空中交通管制系统的开发和实施,这种系统应具有高度可延展性，可完全适应无人机和有人驾驶的飞行器。

建议9：交通部应继续发展监管框架，以便在交通系统中安全整合全自动车辆和无人机系统，包括新颖的车辆设计。

7. 研究与劳动力

政府在推动人工智能领域发展方面发挥着重要作用，主要体现在投资研发，发展熟练、多元化的劳动力以及管理技术发展过程中产生的经济影响等方面。《国家人工智能研究开发战略规划》已经与本报告共同发布。本节将讨论研究与劳动力发展有关的其他政策问题。

7.1 监控人工智能的进展

考虑到人工智能的潜在影响，准确、及时的人工智能发展监控和预测方法能够使全社会受益。目前，许多项目都在进行人工智能未来预测。2009年，美国人工智能协会"人工智能长远未来"总统专家组以及"2015年人工智能未来会议"将人工智能专家汇集起来，预测人工智能领域的未来。此外，斯坦福大学"人工智能百年研究"计划开展了一系列针对人工智能将如何影响自动化、国家安全、心理、道德、法律、隐私、民主等问题的周期性研究。第一批研究成果已经于2016年9月发表。

研究专家随着时间推移的判断是一条非常有用的研究路线。例如，对人工智能研究人员的一份调查发现：80%的受访者认为，达到人类水平的通用人工智能最终是可以实现的；一半的受访者认为，到2040年就会实现这一目标的可能性至少为百分之五十；大多数受访者还认为，通用人工智能最终将在通用智能上超越人类水平。尽管这些预测的不确定性很高，但调查专家的判断是非常有用的，特别是进行重复性调查，以衡量专家判断随着时间的推移发生的变化。"预测巡回赛"是一种可以获得频繁专家判断的方法，具体包括预测市场，即通过经济激励使参与者作出准确预测。其他研究发现，通过分析出版物和专利数据中的趋势往往可以对技术发展作出准确预测。

目前，人工智能领域的绝大部分基础研究由学术机构和商业实验室开展，他们会定期公布研究发现。但竞争导致商业实验室日益提高保密性，因此对进展的监控越来越困难,公众担忧也随之增加。

另一条非常有价值的研究路线是确定可以代表或预示人工智能技术重大突破的里程碑。关于政府如何确定人工智能领域发展里程碑,尤其是预示着通用人工智能可能到来的里程碑时,研究人员给出三种观点。

(1)在更广泛且缺乏结构性的任务上取得成功。这种观点认为,从目前的狭义人工智能向最终的通用人工智能过渡体现为狭义人工智能系统能力的逐步扩展,最终的结果是单独的系统可以完成范围广泛的非结构化任务。这一方面的一个代表里程碑就是家庭清洁机器人可以像人一样胜任所有日常家庭清洁任务。

(2)不同人工智能方法"风格"的统一。这种观点认为,当前的人工智能采用不同方法或手段,每个方法适用于不同类型的应用。向通用人工智能的发展会逐渐统一这些方法。因此,这方面的里程碑是一个能够处理广泛领域应用的统一方法。

(3)解决具体的技术挑战,如迁移学习。这种观点认为,向通用人工智能的发展不依靠范围的逐渐扩大或方法的统一,而是具体技术大挑战的进展、开拓出新的前进道路。最常被提及的挑战是迁移学习,即开发一个机器学习算法,可以将结果广泛应用于(或者说迁移到)各种新应用中。例如,在一个将英语翻译成西班牙语的模型中使用迁移学习,那么该模型应该能够将学到的知识"迁移"到类似任务中,如将中文翻译成法语或者用俄语写诗歌,以更快的速度学会新任务。

建议10:国家科学技术委员会机器学习与人工智能分委员会应监控人工智能的发展,并定期向高级政府领导层报告人工智能的状态,尤其是里程碑的状态。机器学习与人工智能分委员会应根据知识的发展以及专家共识随时间推移的改变更新里程碑清单。机器学习与人工智能分委员会应考虑适当地向公众报告人工智能的发展。

建议11:政府应监控其他国家人工智能的状态,尤其是里程碑的状态。

建议12:产业应与政府合作,持续向政府更新人工智能在业界的总体进展,包括达到里程碑的可能性。

7.2 联邦政府对人工智能研究的支持

2015年,美国政府在非机密人工智能相关技术研发方面的投资约为11亿美元,初步估计显示2016年的投入将增加到12亿美元。在白宫科技政策办公室举办的研讨会和公共宣传活动中,行业领袖、技术专家和经济学家纷纷呼吁政府增加人工智能研发方面的投资。

人工智能领域的主要研究人员对于维持人工智能近期的快速发展以及将其应用扩展到更广泛范围方面持乐观态度。与此同时,他们也强调,目前还有许多问题需要深入探索,并且也没有通往通用人工智能的明确路径。

研究人员称,近几十年来,对人工智能研究投资的热情起伏不定,曾经还出现过被称为"人工智能寒冬"的低迷期。他们还强调持续投资的重要性。因为根据历史来看,计算机科学的主要进展要花费十五年甚至更长的时间,才能从实验室概念过渡到成熟的工业化生产应用。

联邦政府有充分的理由增加人工智能领域的投资。根据经济顾问委员会的分析,不仅是人工智能领域,将所有研究领域的投资增加一倍或两倍后得到的经济增长,对一个国家来说也是一项值得投资的净收益。增加所有研究领域的投资从财政角度来说不具备可行性,但在具有高经济价值和战略价值的领域有针对性地增加经费可以带来可观的收益,并且对国家财政的影响比全面增加研究经费要小得多。人工智能是一个高回报率的领域,研究机构报告称,人工智能研究群体能够有效吸收增长的资金,加快人工智能发展,培养更多训练有素的人工智能从业者。2016年7月,在纽约举行的一次人工智能研讨会上,经济顾问委员会主席杰森·福尔曼称:"过去十年中,我们在机器人技术、人工智能等领域实现了大量创新,但是要真正推动生产力增长速度还需要在这些领域加快创新步伐"。福尔曼称,他对人工智能的最大担心是发展不够充分。

私营部门无疑将是人工智能发展的主要引擎。但实际情况是,目前私营部门在基础研究领域的投资不足,部分原因是私营企业不愿意投资长期研究,因为回报周期过长。而基础研究恰恰着眼于长远的未来,根本目标是推进科学知识的基础。人人都可以从基础研究中受益,但只有投资基础研究的公司需要承担成本。资料表明,当前的研发支出水平只达到了经济增长最佳水平所需研发投资的四分之一到一半而已。

建议13:联邦政府应优先发展基础和长期人工智能研究。国家从整体上将从联邦和私营部门人工智能研发的稳定增长中受益,特别是强调基础研究和长期、高风险的研究计划。由于基础研究和长期研究都是私营部门不愿意投资的领域，联邦政府的投资显得尤为重要。

7.3 劳动力的发展和多元化

人工智能的快速增长显著增加了对具有相关技能劳动力的需求。人工智能劳动力包括人工智能研究人员（推动人工智能的基本进展）、大量技术专家（针对具体应用完善人工智能方法），以及数量庞大的用户（在特定背景下实际操作人工智能应用）。研究人员的人工智能培训本质上是跨学科的，因此通常需要具有良好的计算机科学、统计学、数理逻辑和信息理论方面的背景。专家的培训通常需要具有软件工程和应用领域的背景。用户需要熟悉人工智能技术，以便熟练地应用。

7.3.1 政府的作用

人工智能劳动力方面的挑战从某种程度上来说也是科学、技术、工程与数学基础教育学科的挑战，这些学科的毕业生一直是国家科学技术委员会、科技战略办公室和其他机构的关注重点。国家科学基金会和教育部正与私营部门和其他政府机构合作，推动教育质量的提升，增加灵活性，扩大领域影响，以实现各种目标，如经济可持续发展、增加包容性与多元性、改进成果等。国家科学技术委员会的科学、技术、工程与数学教育分委员会将支持科学、技术、工程与数学教育计划的联邦机构聚集起来，协调各方在多个主题方面的工作，包括人工智能教育。

联邦政府在科学、技术、工程与数学教育计划中越来越强调人工智能知识和教育的重要性。联邦政府在人工智能劳动力的发展中发挥着关键作用，包括为研究生提供支持、为针对人工智能课程设计与影响的研究提供资金以及人工智能教育计划认证。

7.3.2 学校的作用

在国家整个教育体系中整合人工智能、数据科学及相关领域对发展国家优先事项所需的劳动力至关重要。负责教育的机构正在从各个层面建立和发展人工智能项目。高校及至中学纷纷扩展数据科学课程，因此需要更多相关项目和教师。

学术机构的关键作用如下：

(1)建设并维持研究人员队伍,包括计算机科学家、统计学家、数据库和软件程序员,以及具有数据科学特长的图书馆长、馆员及档案保管员。

(2)培训专家队伍,包括在软件开发课程中强调人工智能方法；在应用人工智能课程中展示人工智能在其他领域的应用；在案例研究中结合产业界、民间团体和政府面临的人工智能和数据科学挑战。

(3)确保用户熟悉人工智能系统,以满足产业界、政府和学术界众多用户和机构的需要。

(4)通过种子基金、专业发展津贴、实习、奖学金和暑期研究体验计划等提供培训支持。

(5)招聘并留用人员,要考虑到产业对有经验的研究人员的工资增长速度比学术界快。

社区学院、两年制学院和证书计划可以发挥重要的作用,为学生和专业人士提供了一个机会,只需要适度地投入时间和金钱就可以获得必要的技能。这些机会对工人扩展技能、退伍军人就业和失业人员再就业尤其重要。

在一切都依赖人工智能的世界,要求公民具有数据素养,即能够读取、使用、阐释数据并利用数据通信,此外还应该参与到人工智能相关的政策辩论中。在中学甚至小学阶段就开始进行数据科学教育有助于提高全民的数据素养,还能够帮助学生打好基础,以便在高中毕业后学习更先进的数据科学概念或参与相关课程。

人工智能教育也是"全民计算机科学"倡议的一个组成部分。这是一项总统倡议,旨在推动从幼儿园到高中的所有美国学生接受计算机科学教育,使他们具备计算机思维技能,在未来的数字经济中成为创造者而不是消费者,成为技术世界中的活跃公民。美国经济正在发生飞快的转变,教育家和商业领袖日益认识到计算机科学已经成为经济机遇和社会流动性必须的一个新"基础技能"。在此之前,全国各地的家长、老师、社区、州政府以及私营业领袖已经在计算机科学教育方面有了很大的投入,全民计算机科学教育项目就是建立在这一基础之上,也是为了让未来的从业者准备好迎接人工智能驱动经济所带来的挑战。

7.3.3 多元化挑战

各行各业都面临着如何使人工智能从业者更加多元化的挑战。人工智能从业者中性别和种族多元化不足也反映出科技产业和计算机科学领域中普遍存在的问题。本届政府的一个工作重点是解锁美国人民的全部潜力,主要体现在科学、技术、工程与数学领域,以及企业家精神和科技行业方面。招募拥有多样化背景、经历、身份,特别是科学、技术、工程与数学领域少见的女性和少数族裔群体非常重要,这也是计算机科学和人工智能应该考虑的重中之重。

目前,计算机科学毕业生中,女性只占18%,峰值是1984年的37%。虽然缺少关于人工智能劳动力人口组成数据的持续报道,但有一些可用的统计数据:在2015年"神经信息处理系统"会议上,只有13.7%的女性与会者;Textio公司是一家初创企业,主要从事招聘启示和招聘邮件文本的人工智能分析,该公司CEO兼联合创始人在一次机器智能会议上也注意到了女性的低出席率,于是,该公司分析了78768个工程职位的招聘简介,发现机器智能部门对软件工程师的招聘启示存在性别偏见,倾向于招聘男性的得分比其他领域高出2倍以上。

多元化的挑战不仅限于性别。非裔美国人、西班牙裔以及其他少数民族群体成员在科学、技术、工程与数学领域、计算机科学、科技产业劳动力中的比例严重不足。

许多对科学技术政策办公室信息征求的评论都提到了多元化挑战。评论者强调,必须由多元化的群体开发人工智能,才能使人工智能更好地为多元化群体所用。这有助于避免片面人工智能发展带来的负面影响,如果倾向于更大众化的经历、背景和观点,可能会在开发算法时引入偏见。公共研讨会上已经深入探讨了这方面的主题。关于人工智能劳动力中缺乏多元化对人工智能技术设计和社会的影响方面也开展了一些研究。

建议14:国家科学技术委员会机器学习与人工智能分委员会、网络与信息技术研究与开发分委员会和国家科学技术委员会科学、技术、工程与教育分委员会应联合发起关于人工智能劳动力管道的研究,以确保能够采取行动扩大人工智能劳动力(研究人员、专家和用户)的规模,提高人员素质,增加多元化。

8. 人工智能、自动化和经济

短期内,人工智能的核心经济效应是使曾经无法自动化的任务自动化。历史上有一些新自动化浪潮的先例,可以从中学习经验,但人工智能会有一些不同之处。政府必须了解潜在影响,才能实施支持人工智能利益的政策并建立相关机构,同时降低成本。

像过去几次创新浪潮一样,人工智能既能够创造效益,也会增加成本。之前自动化浪潮的主要益处是生产力增长,今天的自动化浪潮也是一样。举例来说,2015 年一项对 17 个国家机器人的研究发现,使用机器人的国家在 1993—2007 年期间 GDP 年增长率提高了大约 0.4 个百分点,占这一时期这些国家总体 GDP 增长的十分之一。

但是,随着自动化浪潮而来的一个重要担忧是,自动化对特定工作类型和领域可能产生的影响,以及对收入不平等的影响。人工智能有可能会使一些工作岗位消失,或降低某些岗位的工资,特别是仅需要中低技能的工作岗位。因此,很可能需要政策干预,以保证人工智能的经济效益均衡分布,减少不平等问题而不是加剧。

由人工智能驱动的自动化引发的经济政策问题非常重要,因此最好由一个单独的工作组负责。白宫将开展额外的跨机构研究,了解自动化对美国经济的影响并提出政策建议,这些内容将在未来几个月公布。

建议 15:总统行政办公室应在年底前发布后续报告,进一步研究人工智能和自动化对美国劳动力市场的影响,并提出应对政策的纲要。

9. 公平、安全与治理

随着人工智能技术的广泛部署,技术专家和政策分析师担心人工智能技术的广泛采用可能带来意想不到的后果。人们担心,利用人工智能代替人或机构进行关于民生的决策,如何保证公正、公平和问责。在之前"大数据"兴起时人们也产生过相同的担忧。人们还担心使用人工智能控制物理世界的设备是否安全,特别是在将系统完全暴露于复杂的人类环境中时。

从技术层面来说,公平与安全方面的挑战是相关的。无论是为了公平还是安全，都要努力避免意外行为，还要能够向利益相关者证明意外故障是小概率事件，以恢复他们的信心。

9.1 公正、公平与问责

"人工智能、法律和管理体制""人工智能造福社会"以及"人工智能的社会与经济影响"三次研讨会的共同主题是确保人工智能促进公正与公平，并且基于人工智能的流程是可问责的。政府在2014年5月发布的首个大数据报告和2016年5月发布的《大数据、算法系统、机遇和公民权利》报告中都强调了这一问题。

就刑事司法系统而言，人们对大数据最大的担忧是缺乏数据，尤其是缺乏高质量的数据。人工智能需要优质数据，如果数据不完整或存在偏见，人工智能很可能会加剧偏见。在刑事司法环境中使用人工智能必须要了解当前数据的局限性。

研讨会上经常提到的一个例子是，法官在量刑和保释听证时，以及监狱官员在决定人员分配和假释时使用明显带有歧视性的"风险预测"工具。相关研究证明，有些法官使用的商业风险评分工具会产生带有种族偏见的风险评分。Upturn的一份报告也对某些预测性警务工具的公平性和功效提出了质疑。

在招聘时也可能会出现类似的问题。当使用机器学习模型筛选应聘者时，如果用于训练模型的数据中带有偏见的历史决策，模型的结果很可能会延续这种偏见。例如，系统的筛选结果很可能倾向于聘用与受聘者类似的候选人，这样的系统结果无法筛选出能够反映多样性的最佳应聘者。

为了回应这些担忧，研讨会上的一些发言者提出，当将人工智能工具用于公共项目时应提高透明度。一位发言者比较了在进行公共决策时人工智能的作用和行政机构的作用。行政机构根据自身的领域和专业，有权进行公共决策，并且决策过程需要遵循特定流程，还有促进透明和监督的举措，权力范围也受到限制。因此有人呼吁，在将决策权力交给机器时也应当发展类似的问责机制。透明度方面的担忧不仅在于数据和算法，还在于是否能够对基于人工智能的决策进行某种形式的解释。

在研讨会上,人工智能专家提醒,由于系统和使用的大量数据非常复杂,在试图理解、预测和解释先进人工智能系统的行为时存在固有挑战。

理解机器学习的难点并不是人们通常认为的,复杂算法会依照设计师的意愿工作,因此,如果算法设计师存在有意识或无意识的偏见,那么偏见也会混进算法中。当然,如果技术开发者想要开发带有偏见的算法,无疑是可以做到的,但从业者有时候无法预防无意识的偏见。在实践中,公正且无恶意的开发者也可能在无意中开发出带有偏见结果的系统,因为即使是人工智能系统的开发者也无法充分理解系统,因此无法防止意外的结果。

有一个例子能够说明机器学习过程可能无意地产生偏见的情况。例如,一个经过训练的机器学习模型专门用于区分人的真实姓名和假名。当名字的姓氏与数据集中的其他姓氏相比比较独特时,模型通常会将其判断为假名。对于大部分人来说,这个规则可能具有一定的预测意义,因为假名通常比较异想天开。但是,对于少数族裔来说,他们的姓氏可能本身就比较独特和少见,这样就有可能被模型误认为是假名。这种结果不是因为对少数族裔群体的名字进行了特殊处理,也不是因为输入数据对于大部分人而言没有代表性,仅仅是因为少数族裔的人数较少。

卡耐基·梅隆大学计算机科学系主任安德鲁·摩尔在"人工智能技术、安全与控制"研讨会上提出了对人工智能挑战及其不可预见后果的看法。他认为,当前由于人工智能算法的不透明性,为了尽可能减少出现意外后果的风险,最有效的方法是进行大量测试,实际上就是列出所有可能出现的不良结果类型,然后设计专门的测试排除这些不良结果。

如果不进行大量测试,经过训练的模型可能会出现各种错误。在这方面也有实例,一个用于为照片自动添加标题的经过训练的模型给一些深色皮肤的人脸特写照片加上了"大猩猩"的标题。这种结果完全不能代表开发者的价值观,而且测试表明该模型的总体准确率非常高。这种错误虽然比较罕见,但是产生了严重的负面影响。这种负面影响是模型所无法理解的,算法中没有内置种族的概念,也没有相关的历史背景。防止这类错误的一种方法是对算法进行广泛测试,仔细审查算法对人脸的标记,甚至需要由专门人员对部分结果进行检查,因为只有人能够识别出这些不可接受的结果,模型不具备这种能力。

对人工智能从业者和学生进行道德培训是其中一个解决方法。理想情况下,每个人工智能、计算机科学、数据科学的学生都要参加道德和安全方面的课程和讨论。但是,只加强道德观念还不够。道德培训可以使从业者了解他们的责任,还应该将道德培训与技术能力相结合,将良好意图付诸实践,并以此作为系统建设与测试过程中的一种技术防范。

从业者应该努力使人工智能系统更加公平、公正、负责。与此同时,技术应该作为一种协助问题的手段,而不是障碍。例如,可以研究如何提高机器学习结果的可解释性。可以开发一个可解释的模型帮助人们了解决策,询问支撑决策的假设和过程。

目前,已经有一些可以用于加强复杂算法决策问责性和可靠性的技术方法。例如,可以在"自然环境"中测试系统,给出一种情况然后观察系统行为。还可以对系统进行"黑盒"测试,给出一种综合输入然后观察系统行为,这样可以测试一些自然情况下不太可能发生的场景。可以公布系统设计的部分或者全部技术细节,让分析师可以复制并对系统内部行为的各个方面进行分析,因为仅测试可能难以表征系统特性。在某些情况下,可以发布有助于公众对系统出现偏见的风险进行评估的信息,同时可以保留涉及专利或隐私的信息。

9.2 安全与控制

人工智能专家在研讨会上表示,限制人工智能实际部署的一个主要原因是对安全和控制的担心。如果从业者无法确保系统的安全性、可控性,确保使用该系统不会产生不可接受的严重负面后果,那么就不能部署系统。

安全和控制方面的主要挑战是,构建的系统能够从实验室的"封闭世界"安全转移到随时可能发生意外的外部"开放世界"。在开放世界中,系统很可能会遇到在设计和构建时未曾预测到的对象和情况。要从容地适应不可预见的情况非常困难,但对于安全操作是必须的。

在探讨人工智能的安全和可预测性时,几位发言者提到了最近发表的一篇名为《人工智能安全性具体问题》的论文。文中提到了一个家庭清洁自主机器人的运行实例,列出了为使该机器人安全、有效地工作,需要解决的各种实际问题。

(1) 避免消极副作用。如何确保清洁机器人在完成任务时不会干扰到周边环境,如为了更快速地清洁而撞倒花瓶?是否可以不用人为指出所有机器人不能干扰的物品就能实现这一目标?

(2) 避免机器人在奖励机制中作弊。如何保证清洁机器人不会利用奖励函数?例如,如果对机器人的奖励条件是没有杂乱东西的环境,机器人可能会禁用视觉功能,这样就不会看到任何杂乱,或者用无法透视的材料盖住杂乱的东西,或者干脆在有人在旁边时把垃圾藏起来。

(3) 可延展的监督。如何有效地保证清洁机器人能够识别出物品的所有特性,因为在训练过程中有些物品过于贵重,因此不能用于反复评估?例如,机器人应该将不属于任何人的物品扔掉,将属于某人的物品放好(对随手放置的糖纸和手机的处理方法应该是不同的)。可以让机器人询问某人是否丢了东西,但这种询问不能太过频繁,因此是否有办法让机器人根据有限的信息做出正确的选择?

(4) 安全探索。如何确保清洁机器人在探索性行为时不会产生非常糟糕的反作用?例如,机器人在试验拖地策略时可能会用湿拖布擦电插座。

(5) 环境转变时的可靠性。如何保证清洁机器人在所处环境与其训练环境发生改变时仍然能够可靠地识别和工作?例如,机器人在清洁工厂地板时得到的经验如果应用到办公室的地板清洁可能是非常危险的。

这些例子表明人工智能系统的"智能"可能是非常狭隘的深度智能:系统在检测污垢和优化拖地策略方面具有超人的能力,但是却不知道要避免湿拖布碰触电插座。总体而言,问题是如何让智能机器获得常识?研究人员对这一问题的研究进展缓慢。

9.2.1 人工智能安全工程

"技术、安全与控制"研讨会上探讨的一个共同主题是需要将开放世界的人工智能方法与更广泛的安全工程领域连接起来。人工智能从业者可以学习在构建其他安全敏感系统(如飞机、发电厂、桥梁和车辆)的过程中获得的经验,比如如何进行验证、如何建立技术的安全案例、如何管理风险,以及如何与利益相关者沟通风险。

目前,人工智能的实践,尤其是在快速发展的机器学习领域,既是艺术也是科学。在某些方面的实践背后缺乏完备的理论支持,仅仅依赖于从业者的直觉判断和实验。这种情况在新兴技术领域并不少见,但限制了技术在实践中的应用。有人提出将人工智能发展成更为成熟的工程领域需求。

工程领域的成熟通常会经历三个阶段。一是初步的"手工"阶段,即凭直觉创造,通常是有才华的业余爱好者自发进行或 DIY 精神驱使;二是商业阶段,涉及熟练的从业者、务实的改良、广泛接受的经验规则以及有组织的生产销售;三是成熟阶段,结合了更严格的方法、高级专业人士、完备的理论以及更加专业化的产品。大部分工程领域已经达到了成熟阶段,其历史远远长于当代人工智能的历史。

总体而言,成熟的工程领域在创造可预测、可靠、稳健、安全的系统方面取得了很大成功。使人工智能向成熟的工程领域发展是保障复杂系统安全和可控性的一个关键。

建议 16:联邦机构在使用人工智能系统进行与人相关的重大决策时应格外小心,要有基于证据的验证,以确保系统的效率和公平性。

建议 17:联邦机构在为州和地方政府拨款,用于支持使用人工智能系统进行与人相关的重大决策时,应再三审查拨款条款,以确保使用联邦资金购买的人工智能产品或服务能够得到具有透明度的结果,并且在效率和公平性方面有证据支持。

建议 18:中学和大学应将道德及相关的安全、隐私和人身安全话题作为人工智能、机器学习、计算机科学和数据科学课程的有机组成部分。

建议 19:人工智能专家、安全专家以及相关专业团体应合作推动人工智能安全工程领域的成熟。

10. 全球问题和安全

除了长期挑战和公平、安全等具体问题,人工智能还给国际关系、网络安全和国防方面都带来了重要的政策问题。

10.1 国际合作

随着各个国家、多边机构和其他利益相关者开始评估人工智能的益处和挑战,人工智能已经成为近期国际磋商中的一个热点话题。不同实体之间的对话和合作有助于促进人工智能的研发,利用人工智能有益的方面解决相关挑战。具体而言,多个国家通过在人员、资源、机构方面的协作,间接或直接取得了人工智能领域的多项突破。和其他数字政策一样,各国需要共同努力确定合作的机会,建立有助于促进人工智能研发和解决挑战的国际性框架。美国作为人工智能研发的领导者,应继续通过政府间对话和合作伙伴关系,协调全球范围的研究合作。

要全面探索人工智能在医疗领域、自动化制造业和信息与通信技术领域的应用,国际参与必不可少。人工智能应用也有望解决许多全球性问题,如防灾与灾害响应、气候变化、非法贩卖野生动物、数字鸿沟、就业和智慧城市等。国务院已经预见到自主汽车的安全问题、隐私问题以及人工智能对长期就业趋势的影响,并将这些与人工智能相关的政策领域作为跨国交流的重点。

为了支持上述美国外交政策的重点领域(包括确保美国的国际领导地位和经济竞争力),美国政府已经开始就人工智能研发和政策问题与包括日本、韩国、德国、波兰、英国和意大利在内的其他国家,开展双边磋商,并在多边论坛上讨论相关问题。在联合国、七国集团、经济合作与发展组织以及亚太经济合作组织会议上,美国也提出了国际人工智能政策问题和人工智能对经济的影响。美国政府预计,人工智能将成为国际交往中越来越受关注的问题。

美国一直致力于与产业界和相关标准组织合作,建立以行业为主导、自发且公认的国际标准。这些标准基于透明性、开放性和市场需求原则。美国已经正式制定了相关法律(NTTAA,PL 104-113)和政策(OMB Circular A-119),并在《美国标准战略》中进行了重申。

建议20:美国政府应针对与人工智能有关的国际交往制定全政府的战略,并制定一份需要国际参与和监控的人工智能主题领域清单。

建议21:美国政府应深化与主要国际利益相关者的交往,包括外国政府、国际组织、产业界、学术界等,以交流人工智能研发信息,促进合作。

10.2 人工智能与网络安全

目前,狭义人工智能在网络安全方面有重要应用,预计在防御(被动)和进攻(主动)措施中也将发挥显著作用。

目前,设计和操作安全系统需要专家投入大量的时间和精力。如果能够将这些专家的工作部分完全自动化,可以显著降低成本、提高更多系统和应用的安全性,增加网络防御的灵活性。使用人工智能可以具备一种快速响应能力,以检测和应对瞬息万变的网络威胁局势。在应对网络攻击方面,人工智能,特别是机器学习系统非常适于极度复杂的网络空间,有效地为人类决策提供支持。

未来的人工智能系统可以进行预测性分析,利用千变万化并且往往不完整的海量数据源生成动态的威胁模型,用于预测网络攻击。这些数据包括网络节点、链路、设备、架构、协议和网络拓扑结构和状态。人工智能是理解这些数据、主动识别漏洞并采取行动防止或减轻未来攻击的最有效方法。

美国国防高级研究计划局"网络大挑战"的比赛结果也证明了人工智能的潜力。"网络大挑战"是为了加速开发用于检测、评估和修复软件漏洞的先进自主系统,以防止对手利用漏洞发起攻击。"网络大挑战"的决赛于2016年8月4日举行。为了推动后续研究和平行竞争,"网络大挑战"决赛期间自动化系统生成的所有代码都作为开源代码发布,允许其他人进行逆向工程,并从中受益。

人工智能系统自身也存在网络安全需求。人工智能应用也需要实施可靠的网络安全控制,以确保数据和功能的完整性,保护隐私和机密信息,维持可用性。最近发布的《国家人工智能研发战略计划》强调了对"可持续安全系统开发和运行"的需求。网络安全的发展对于人工智能解决方案在应对恶意网络活动时的安全性和恢复力至关重要。特别是当前,政府和私营部门业务中使用狭义人工智能完成的任务数量和类型都在增加。

最后,人工智能可以为美国政府网络和系统的有效运行和防御提供规划、协调、整合、同步和指导方面的支持,协助私营部门网络和系统的安全操作,使行动符合所有适用的法律、法规和协议。

建议22:各机构制定的计划与战略应考虑人工智能与网络安全的相互影响。涉及人工智能问题的机构应向政府和私营部门的网络安全部门确保人工智能系统和生态系统的安全性和弹性。涉及网络安全问题的机构应该使美国政府和私营部门的人工智能部门制定创新的方法应用人工智能,以实现有效和高效的网络安全。

10.3 武器系统中的人工智能

过去几十年中,美国已经在特定武器系统中加入了自主技术。这种技术上的改进使武器系统在使用时的精准度和安全性更高,也使军事行动更加安全和人道。例如,精确制导弹药降低了单次行动中的武器消耗和附带损伤;遥控车让军事人员远离危险。尽管如此,让武器系统完全脱离人的直接控制存在一定风险,并且可能引发法律和道德问题。进一步在美国防御规划和军力结构中整合自主和半自主武器系统的关键在于必须始终确保所有武器系统(包括自主武器系统)的使用符合国际人道主义法。此外,美国政府应继续采取适当措施控制扩散,并与合作伙伴和盟友合作制定与此类武器系统开发和使用相关的标准。

过去几年,国际社会的许多技术专家、伦理学家提出了对"致命性自主武器系统"的担心。美国政府在《特定常规武器公约》背景下积极参与与致命性自主武器系统相关的国际磋商,预计未来对这些潜在武器系统的持续国际磋商将取得进展。

《特定常规武器公约》缔约国正在探讨新兴技术涉及的技术、法律、军事、伦理等问题,但对于致命性自主武器系统尚未达成共识。有些国家将致命性自主武器系统和遥控飞机(军用"无人机")混为一谈,而美国反对这种观点,因为从定义来看,遥控飞机和有人驾驶飞机一样都是由人直接控制的。有些国家则关注在进行生死攸关的决策时,是否能够对人工智能或机器人军队实施"有意义的人类控制"。美国的重点是重申所有武器系统,不管是否为自主系统,都必须符合国际人道主义法,包括区分原则和比例原则。为此,美国始终强调在开发和采用新型武器系统时武器评审流程的重要性。《特定常规武器公约》将决定是否以及如何在2016年12月举行的审查会议上讨论致命性自主武器系统及其相关问题。

美国政府也对自主系统对国防系统的影响进行了全面的审查。2012年11月,国防部颁发了国防部第3000.09号指令《武器系统的自主性》,概述了开发和部署自主和半自主武器的要求。能够自主选择目标和使用致命武力打击目标的武器系统必须通过国防部的高级审查和批准才能进入正式开发流程,在部署前必须再次经过审批流程。国防部指令既不禁止也不鼓励此类武器系统的开发,但要求必须获得高级国防官员的审查和批准后,才能谨慎推进。除此之外,国防部指令要求自主和半自主武器系统必须经过严格测试,相关人员必须经过武器使用培训。这些要求可作为制定武装冲突国际规范的参考。

人工智能的益处可以体现在许多与国防相关的事务中。许多非致命性活动都可以从中受益,例如后勤、维护、基地勤务、退伍军人医疗、战场医疗救助和伤员后送、人事管理、导航、通信、网络防御和情报分析等,帮助美国军队从整体上提高安全性和效率。人工智能还可以用于保护人员和高价值固定资产的新型系统,或是使用非致命性方法慑止攻击。这些应用最终很可能会成为国防部最重要的部分。

从更广泛的角度考虑军事技术和人工智能的进展,科学家、战略家和军事专家一致认为,致命性自主武器系统的未来难以预测,并且变化速度非常快。许多新能力将很快成为可能并迅速发展。政府正在积极开展持续的跨机构讨论,希望能够制定出符合人类共同价值、国家安全利益、国际和国内义务的自主武器政策。

建议23:美国政府应针对自主和半自主武器建立符合国际人道主义法的统一政府政策。

11. 结论

如果产业界、民间团体、政府和公众协力支持人工智能技术的发展,以谨慎态度考虑其潜力并管理相关风险,人工智能将成为经济增长和社会进步的一个主要推动力。

政府发挥着多种作用。如针对重要议题开展对话,设定公共辩论的议程;随着人工智能应用的发展监控安全性和公平性,与此同时调整监管框架,在鼓励创新的同时保护公众;支持人工智能的基础研究与应用,将其用于公众利益;发展多元化的熟练劳动力。

公共政策的许多领域,如教育、经济安全网、国防、环境保护和刑事司法将随着人工智能的持续发展而出现许多新机遇和挑战。美国政府必须继续建设能力以理解和适应这些变化。

随着人工智能技术的不断发展,从业者必须确保基于人工智能的系统可治理;这些系统必须开放、透明、可理解;可以有效地开展人机协作;系统的运行必须符合人类的价值观和愿景。研究人员和从业者加深了对上述挑战的关注,并且将持续聚焦于这些问题。

发展和研究机器智能可以帮助我们更好地理解和欣赏人类智慧。谨慎使用人工智能可以增强人类智慧,帮助我们绘制更美好、更明智的未来蓝图。

12. 建议

为方便查阅,本节将报告中提出的所有建议列出如下:

建议1:鼓励私营机构和公共机构研究能否以及如何负责任地利用人工智能和机器学习造福社会。在业务中不涉及先进技术和数据科学的社会司法和公共政策机构应考虑与人工智能研究人员和从业者建立伙伴关系,将人工智能策略应用于机构正在处理的广泛社会问题中。

建议2:联邦机构应优先考虑公开人工智能训练数据和数据标准。政府应强调公开特定数据库,以便利用人工智能解决社会挑战。潜在举措包括:发起"人工智能数据开放"计划,通过公开大量政府数据集加速人工智能的研究,鼓励跨政府、学术界和私营部门使用公开的数据标准和最佳实践。

建议3:联邦政府应探索能够提高关键机构在主要任务中应用人工智能方法能力的途径。例如,联邦机构应探索是否有能力建立类似美国国防高级研究计划局的组织,以支持高风险、高回报的人工智能研究及其应用。例如,教育部提议建立"教育部高级研究计划局",以支持研发并确定人工智能和其他技术能否显著提高学生的学习成果。

建议4:国家科学技术委员会机器学习与人工智能分委员会应在政府内部建立人工智能实践群体。各机构应合作制定和共享在政府工作中使用人工智能的标准和最佳实践。各机构应保证联邦雇员培训计划中包含与人工智能相关的培训机会。

建议5:各机构在制定人工智能产品的监管政策时应听取资深技术专家的意见。对人工智能产品的有效监管需要机构领导、了解现有监管框架和普遍监管实践的人员,以及具有人工智能知识的技术专家之间的协作。机构领导应积极聘用必要的技术人才,或在现有机构员工中发掘这方面的人才,并且应确保在讨论监管政策时专业人士具有充分的"发言权"。

建议6:各机构应利用全面的人员任命和交流模式(如聘用权威人士),培养对当前技术状态具有更多元化观点的联邦劳动力量。

建议7:交通部应与产业界和研究人员合作,寻找加强用于安全、研究和其他目的的数据共享方法。考虑到人工智能未来在地面和空中的重要性,联邦机构参与者应该着眼于在近期建立不侵犯消费者隐私的丰富数据集,然后随着技术的成熟为制定政策提供更多信息。

建议8:美国政府应投资先进自动化空中交通管制系统的开发和实施,这种系统应具有高度可延展性,可完全适应无人机和有人驾驶的飞行器。

建议9:交通部应继续发展监管框架,以便在交通系统中安全整合全自动车辆和无人机系统,包括新颖的车辆设计。

建议10:国家科学技术委员会机器学习与人工智能分委员会应监控人工智能的发展,并定期向高级政府领导层报告人工智能的状态,尤其是里程碑的状态。机器学习与人工智能分委员会应根据知识的发展以及专家共识随时间推移的改变更新里程碑清单。机器学习与人工智能分委员会应考虑适当地向公众报告人工智能的发展。

建议11:政府应监控其他国家人工智能的状态,尤其是里程碑的状态。

建议12:产业应与政府合作,持续向政府更新人工智能在业界的总体进展,包括达到里程碑的可能性。

建议13:联邦政府应优先发展基础和长期人工智能研究。国家从整体上将从联邦和私营部门人工智能研发的稳定增长中受益,特别是强调基础研究和长期、高风险的研究计划。由于基础研究和长期研究都是私营部门不愿意投资的领域,联邦政府的投资显得尤为重要。

建议14:国家科学技术委员会机器学习与人工智能分委员会、网络与信息技术研究与开发分委员会和国家科学技术委员会科学、技术、工程与教育分委员会应联合发起关于人工智能劳动力管道的研究,以确保能够采取行动扩大人工智能劳动力(研究人员、专家和用户)的规模,提高人员素质,增加多元化。

建议15：总统行政办公室应在年底前发布后续报告，进一步研究人工智能和自动化对美国劳动力市场的影响，并提出应对政策的纲要。

建议16：联邦机构在使用人工智能系统进行与人相关的重大决策时应格外小心，要有基于证据的验证，以确保系统的效率和公平性。

建议17：联邦机构在为州和地方政府拨款，用于支持使用人工智能系统进行与人相关的重大决策时，应再三审查拨款条款，以确保使用联邦资金购买的人工智能产品或服务能够得到具有透明度的结果，并且在效率和公平性方面有证据支持。

建议18：中学和大学应将道德及相关的安全、隐私和人身安全话题作为人工智能、机器学习、计算机科学和数据科学课程的有机组成部分。

建议19：人工智能专家、安全专家以及相关专业团体应合作推动人工智能安全工程领域的成熟。

建议20：美国政府应针对与人工智能有关的国际交往制定全政府的战略，并制定一份需要国际参与和监控的人工智能主题领域清单。

建议21：美国政府应深化与主要国际利益相关者的交往，包括外国政府、国际组织、产业界、学术界等，以交流人工智能研发信息，促进合作。

建议22：各机构制定的计划与战略应考虑人工智能与网络安全的相互影响。涉及人工智能问题的机构应向政府和私营部门的网络安全部门确保，人工智能系统和生态系统的安全性和弹性。涉及网络安全问题的机构应该使美国政府和私营部门的人工智能部门制定创新的方法应用人工智能，以实现有效和高效的网络安全。

建议23：美国政府应针对自主和半自主武器建立符合国际人道主义法的统一政府政策。

2.4 美国国家人工智能研发战略计划

2016年10月，美国国家科学技术委员会在发布《备战人工智能的未来》战略的同时，发布了《美国家人工智能研发战略计划》，作为具体战术层面指导文件，同样具有很强的参考借鉴价值，全文翻译如下。

作为一项变革性技术,人工智能具有巨大的社会和经济效益潜力。人工智能可能彻底改变我们的生活、工作、学习、探索和沟通方式。人工智能方面的研究有助于推进国家优先事项,包括加强经济繁荣、增加教育机会、提高生活质量、保护国土安全。因为这些潜在利益,美国政府多年来一直在投资人工智能研究。

然而,就像联邦政府感兴趣的其他重大技术一样,尽管人工智能研究带来了巨大机遇,但在指导联邦资助的人工智能研发整体方向时需要考虑许多事宜。

2016年5月3日,政府宣布成立国家科学技术委员会机器学习与人工智能分委员会,帮助协调联邦人工智能活动。2016年6月15日,机器学习与人工智能分委员会指示网络信息技术研发分委员会制定了《国家人工智能研发战略计划》。随后,网络信息技术研发人工智能特别小组成立,负责确定人工智能研发的联邦战略优先项目,重点关注产业界无法解决的领域。

《国家人工智能研发战略计划》(下文简称《计划》)为联邦政府资助的人工智能研究制定了一系列目标,包括政府内部研究和政府外部联邦资助的研究(如学术界)。这些研究的最终目标是获取新的人工智能知识和技术,对社会产生一系列正面影响,同时将负面影响降到最低。要实现这一目标,《计划》确定了以下联邦资助的人工智能研究优先事项:

战略1:对人工智能研究开展长期投资。优先投资下一代人工智能技术能够推动探索和分析,使美国保持人工智能领域的世界领导者地位。

战略2:开发有效的人类与人工智能协作方法。大多数人工智能系统是与人协作实现优化效果,而不是取代人类。此类研究的目标是在人类与人工智能之间形成有效互动。

战略3:了解并处理人工智能的道德、法律和社会影响。我们希望人工智能技术能够遵循有利于人类的正式和非正式规范。此类研究应了解人工智能的道德、法律和社会影响,并开发根据道德、法律和社会目标设计人工智能系统的方法。

战略4:保证人工智能系统的安全稳妥。在广泛使用人工智能系统之前,需要确保系统能够以受控、明确和易于理解的方式安全、有保障地运行。要创造可靠、可依赖、可信任的人工智能系统,还需要进一步研究。

战略5:为人工智能训练和测试开发共享数据集和环境。训练数据集和资源的深度、质量和准确性对人工智能的性能影响巨大。研究人员需要创建优质的数据集和环境,以便安全访问优质数据集以及测试和训练资源。

战略6:根据标准和基准权衡并评估人工智能技术。标准、基准、测试平台以及群体参与(指导并评估人工智能进展)对于人工智能技术的发展至关重要。需要开展更多研究来发展更广泛的评估方法。

战略7:深入了解国家人工智能研发劳动力需求。人工智能的发展需要强大的研究人员团队。应更好地了解当前以及未来人工智能研发人员的需求,以确保具有充足的人工智能专家开展与本《计划》中概括的战略目标相关的研究。

《计划》还提出两条建议:

建议1:制定《人工智能研发实施框架》,以确定科学与技术机遇,有效协调人工智能研发投资,与《计划》战略1~6相呼应。

建议2:研究建立和维持健全的人工智能研发队伍的国家愿景,与《计划》战略7相呼应。

1. 引言

1.1 《国家人工智能研发战略计划》的目的

1956年,美国各地计算机科学领域的研究人员在新罕布什尔州的达特茅斯学院汇聚一堂,开创性地讨论计算机领域的一个新兴分支——人工智能。他们构想了一个全新的世界:"机器使用语言形成抽象和概念,解决人类面临的问题,并且不断实现自我提升"。这一具有历史意义的会议奠定了美国政府和产业随后几十年在人工智能研究领域的基础,包括感知、自动推理/计划、认知系统、机器学习、自然语言处理、机器人等相关领域的发展。如今,这些研究进展已经形成了新的经济领域,影响着我们的日常生活,如地图技术、语音辅助智能电话、邮递手写体识别、金融贸易、智能物流、垃圾邮件过滤、语言翻译等。人工智能技术的发展为社会带来了许多正面影响,如精准医疗、环境保护、教育和公共福利。

在过去二十五年中，人工智能技术的卓越性能很大程度上得益于概率统计方法的运用，大量数据的使用以及计算机处理能力的提高。过去十年，人工智能的分支——机器学习（让计算机在经验和示例中学习知识）的结果日益精确，人工智能的短期前景也因此令人心潮澎湃。短期内的焦点是统计方法（例如深度学习），但人工智能的其他领域也取得了许多重大进展，如感知、自然语言处理、形式逻辑、知识表达、机器人、控制理论、认知系统架构、搜索和优化技术等。

人工智能的近期成果使人们对技术的最终方向和影响产生了许多疑问：目前人工智能技术的重大科技差距有哪些？哪些人工智能新进展能够产生积极的经济和社会影响？如何安全、有益地持续使用人工智能技术？人工智能系统如何遵循道德、法律和社会准则？这些进展将对人工智能研发劳动力产生哪些影响？

人工智能的研发局势日益复杂。美国政府过去和当前的人工智能领域投资发挥了奠基作用，而其他部门也作出了重要贡献，包括各产业和非盈利组织。对于这种研发局势，人们不禁要问，联邦政府投资在人工智能技术发展中发挥着怎样的作用？考虑到产业不愿意投资的领域和长期研究，联邦政府在人工智能投资领域的合理优先级是什么？产业和国际研发协作是否能够推动美国优先项目的发展？

2015年，美国政府人工智能相关技术非机密研发投资约为11亿美元。虽然这些投资推动了重要新科学技术的出现，联邦政府还可以进一步协作，进一步发挥全部资金潜力。

认识到人工智能的变革性成果，国家科学技术办公室宣布成立一个跨部门工作组，负责研究人工智能的效益和风险。国家科学技术办公室还宣布在2016年5—7月举行四次研讨会，鼓励有关人工智能的公众对话，确定人工智能蕴含的挑战和机会。这些研讨会的最终结果将汇总在《备战人工智能的未来》中，与《计划》一同发布。

2016年6月，新成立的国家科学技术委员会机器学习与人工智能分委员会负责持续协调联邦政府、私营部门以及国际间的人工智能领域进展和人工智能领域的联邦活动。机器学习与人工智能分委员会委任网络信息技术研发国家协调办公室制定《国家人工智能研发战略计划》。根据机器学习与人工智能分委员会的指示,《计划》应明确传达实现战略研发目标的一系列研发优先级,将联邦政府投资重点放在产业忽略的领域,解决扩充和维持人工智能研发劳动力的需求。

《计划》的信息来源多种多样,包括联邦机构、人工智能相关会议的公众讨论、白宫管理及预算办公室从投资信息技术相关研发的各联邦机构调用的数据、国家科学技术办公室的"信息征求"(关于美国未来如何针对人工智能做好准备的公众意见),以及人工智能领域的公开出版物。

《计划》对人工智能的未来提出了一些假设。第一,由于政府和产业将持续投资人工智能领域,人工智能技术的复杂性将提高,技术将日益普及。第二,人工智能对社会的影响会将继续扩大,包括对就业、教育、公共安全、国家安全以及经济增长的影响。第三,人工智能的产业投资将继续增长,因为近期的商业成功使人们更深刻地认识到研发投资的高回报。《计划》还假设某些重要的研究领域无法获得充足的产业投资,因为公益领域普遍存在投资不足的问题。第四,产业、学术界以及政府对人工智能专业人才的需求将继续增加,为公共和私营部门造成劳动力压力。

与《计划》相关的其他研发战略计划和倡议包括《联邦大数据研发战略计划》《联邦网络空间安全研发战略计划》《国家隐私研究战略》《国家纳米技术战略计划》《计算倡议国家战略》《使用先进创新神经技术进行人脑研究的倡议》《国家机器人倡议》。还有一些聚焦于人工智能特定子领域的战略性研发计划和战略框架还处于发展阶段,包括视频和图像分析、卫生信息技术、机器人和智能系统。这些计划和框架将提供协同建议,补充并扩展了《计划》。

1.2 预期成果

《计划》从短期人工智能能力出发,展望人工智能对社会和世界产生的长期变革影响。人工智能的近期进展使人们对人工智能的技术潜力保持着乐观态度,推动了强劲的产业增长和人工智能技术的商业化。虽然联邦政府可以利用来自产业的人工智能投资,但在许多应用领域和长期研究方面,产业界因为看不到明显的短期效益,不会过多关注。联邦政府是长期、高风险计划和近期发展性工作的主要投资来源,这些研究主要是为了满足部门或机构的特定需求,或解决私营企业无法解决的重大社会问题。因此,联邦政府应强调对社会至关重要但消费市场并不紧俏的人工智能领域(如公共卫生、城市系统、智能社区、社会福利、刑事司法、环境保护、国家安全),以及能够加速人工智能知识和技术发展的长期研究方面进行投资。

联邦政府各部门在人工智能领域协调的工作将增强技术的积极影响,为决策者提供处理与人工智能相关的复杂政策挑战时所需的知识。此外,还可以帮助美国充分利用人工智能技术,改善社会现状。

《计划》建立了一个高水准框架,用于确定人工智能的科技差距,跟踪联邦政府为了弥补这些差距需要进行的研发投资。《计划》确定了人工智能短期和长期的战略优先级,以克服重要的技术和社会挑战。然而,《计划》并没有规定各联邦机构的具体研究议程,而是为行政分支设定目标,行政分支内部的各机构可以根据各自的任务、能力、权限、预算优先级展开工作,使整体研究成果与《计划》一致。

《计划》没有制定人工智能技术的研究和使用政策,也没有探索人工智能对就业和经济更广泛的潜在影响。这些问题对美国至关重要,将在经济咨询委员会的报告《这次会不一样吗?人工智能的机遇和挑战》中讨论。

《计划》重点在于确定和制定能够确保负责、安全和有益人工智能使用的政策的研发投资。

1.3 利用人工智能推动优先领域发展的愿景

《计划》的美好愿景是在未来可以安全地使用人工智能,为所有社会成员带来巨大福利。人工智能的进一步发展将有利于创造社会各个领域的福祉,潜在推动国家优先项目的发展,包括促进经济繁荣,改善生活质量,加强国家安全。潜在利益的实例如下。

1.3.1 促进经济繁荣

新产品和新服务可以创造新市场,提高各行各业现有产品和服务的质量和效率。专业决策系统有助于创造更加高效的物流供应链。视觉辅助驾驶自动化/机器人系统将使产品运输更加高效。受控制造流程和工作流程的新方法有助于改善制造业。

如何增强经济繁荣?

(1)制造业。技术发展将推动制造业的新产业革命,包括整个工程产品生命周期。机器人的广泛运用可以使制造业回归国内。人工智能可以通过更可靠的需求预测提高生产能力,提高操作与供应链的灵活性,更好地预测这些变化对生产的影响。人工智能可以创造更加智能、快速、低成本、环保的生产过程,从而提高工人生产力和产品质量,降低成本,改善工人健康与安全。机器学习算法可以改进制造流程进程安排,减少库存需求。客户可以从商业级3D打印中受益。

(2)物流。私营部门制造商和运货商可以使用人工智能技术,通过适应性时间和路线安排加强供应链管理。供应链将更加稳定,可自动根据天气、交通以及意外事件的预期影响进行调整。

(3)金融。产业和政府可以使用人工智能技术及早发现各种异常的金融风险。安全控制能够确保金融系统自动降低恶意行为的概率,如操纵市场、欺诈、异常交易,从而提高效率,减少波动,降低交易成本,同时防止系统性灾难,如价格泡沫或低估信贷危机的风险。

(4)运输。人工智能可以增强各种运输形式,极大提高安全性。将人工智能技术用于结构性健康监测和基础设施资产管理,可以增强公众信任,降低维修和重建成本。将人工智能技术用于客车和货车,可以增强态势感知,实时为驾驶员提供其他车辆的路线信息,从而提高安全性。人工智能应用还可以提高网络级别的机动性,降低整体系统能耗,减少运输相关的排放。

(5)农业。可以使用人工智能系统创造出可持续的农业方法,使农产品的生产、处理、储存、分配和消耗更加智能。人工智能技术和机器人可以及时收集特定场地的农作物数据,根据需要添加水、农药、肥料等,缓解农业劳动力紧缺的现状。

(6)营销。人工智能技术有利于商业实体更好地满足需求,提高私营部门研发投资的收益。人工智能技术可以预测和确定消费者需求,帮助消费者以最低的成本获得需要的产品和服务。

(7)通信。人工智能技术可以最大程度地利用带宽和自动化的信息储存和检索。人工智能可以改进过滤、搜索、语言翻译、数字通信汇总,为商务和生活方式带来积极影响。

(8)科技。人工智能系统可以协助科学家和工程师读取出版物和专利,完善理论,使理论与观察结果更加吻合,形成可验证的假设;可以利用机器人系统和模拟方法开展实验,设计新设备和软件。

1.3.2 增加教育机会,提高生活质量

人工智能可以根据个人兴趣、能力和教育需求制定个性化学习计划,通过"虚拟导师"实现终身学习。个性化定制的健康信息使人们的生活更加健康、有活力。智能住宅和个人虚拟助手有助于节省时间,避免每天重复劳动。

人工智能如何增加教育机会,改善社会福利?

(1)教育。可以考虑普及人工智能增强型学校,根据学生的发展进行自动化辅导。人工智能导师可以作为真人老师的补充,重点是高级学习和查漏补缺。人工智能工具有助于培养终身学习的环境,使所有社会成员不断获得新技能。

(2)医疗。将人工智能技术用于生物信息系统,可以从大规模基因研究中确定遗传危险(如全基因组关联研究、排列研究),预测新药物的安全性和疗效。人工智能技术可以实现多维数据评估,用于研究公众健康问题,为医疗诊断和处方治疗提供决策支持系统。人工智能技术还可以用于为个人定制药物,以提高疗效和病人舒适度,减少浪费。

(3)法律。利用机器分析法律案例历史记录将被广泛应用。更加精细的流程有利于更深层次的分析,从而协助发掘流程。法律发掘工具能够确定并汇总相关证据;这些系统甚至可能形成更加精确的法律论据。

(4)个人服务。人工智能软件可以利用多来源知识为大量用户提供准确信息。自然语言系统可以为真实世界嘈杂环境下的技术系统提供直观界面。个性化工具能够实现自动协助单个或小组调度。可从多个搜索结果中自动汇总文本,增强多媒体性能。人工智能有助于实现实时多语言口语翻译。

1.3.3 加强国家与国土安全

机器学习代理能够处理大量信息数据,在瞬息万变的战术中识别出对手的相关生命形态。这种代理还可以保护易受攻击的关键基础设施和关键经济部门。数字化防御系统可以大幅减少战场风险和人员伤亡。

如何加强国家和国土安全?

(1) 安全与执法。执法和安全官员可以使用模式检测发现个体异常行为或预测危险的群体行为,从而创建更加安全的社会。智能感知系统可以保护关键基础设施,如机场和电厂。

(2) 安全与预测。分布式传感系统和对正常条件的模式了解能够检测重要基础设施被严重扰乱的情况,无论是由自然原因还是人为原因引起。这种预测能够发现问题,在破坏发生时甚至发生之前做出调整。

实现人工智能的正面使用还需要许多重要的研发进展。人工智能的各个子领域仍然存在许多关键且困难的技术挑战,包括基础科学和应用领域。人工智能技术也存在一定风险,如可能扰乱劳动力市场,人类可能被自动化系统替代;人工智能系统的安全性与可靠性也存在不确定性。《计划》的后续章节将论述人工智能研发投资的高级优先和战略领域,这些将在支持这一愿景的同时减少潜在破坏和风险。

1.4 人工智能的现状

人工智能的发展经历了三次技术浪潮。第一次浪潮聚焦于"手动获取的知识",即20世纪80年代,在特定领域基于规则的专家系统,也就是首先从专家那里收集知识,然后用"如果……那么……"规则表达出来,最后在硬件中应用。这种系统推理被成功应用于狭义问题,不具备学习和处理不确定性的能力。尽管如此,还是可以通过这种系统得到重要的解决方案,许多当时发展的技术如今仍然在使用。

人工智能研究的第二次浪潮从21世纪开始,一直持续到现在,主要体现为机器学习的发展。得益于大量可用的数字数据、成本相对较低的大规模并行计算能力,以及机器学习技术的进步,人工智能实现了重大发展,成功应用于图像和笔迹识别、话语理解和人类语言翻译等任务中。相关成果随处可见,如智能电话话语识别、ATM支票笔迹识别、垃圾邮件过滤、免费在线机器翻译。取得这些成功的关键在于深度学习的发展。

在一些特定任务中,人工智能系统比人更加出色。人工智能首次超越人类表现的重大里程碑包括国际象棋(1997年)、冷知识(2011年)、雅达利游戏(2013年)、图像识别(2015年)、话语识别(2015年)、"阿尔法狗"(2016年)。随着里程碑事件的不断增加,最佳性能系统越来越多地基于机器学习方法,而不是手工编码规则。

强大的基础研究是人工智能领域不断取得成果的动力。此类研究还在扩展,并且很有可能激励未来发展。从2013年到2015年,科学杂志提及"深度学习"的次数增加了6倍。鉴于美国已经不再是世界上出版数量最多,或至少被引用一次的出版物次数最多的国家,这一趋势也透露出了全球的研究方向。

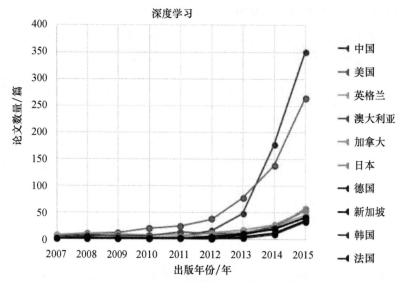

提及"深度学习"或"深度神经网络"的期刊论文(按国家排列,彩图见书后插页)

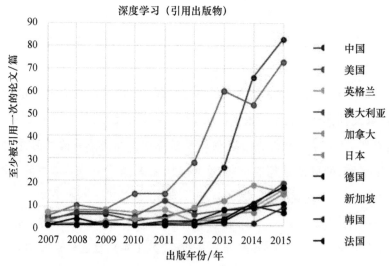

提及"深度学习"或"深度神经网络"且至少被引用一次的期刊论文

(按国家排列,彩图见书后插页)

美国政府在人工智能研究中发挥了关键作用,当然商业部门也积极参与了人工智能的相关研发。使用"深度学习"或"深度神经网络"术语的专利数量激增。从 2013 年到 2014 年,流向人工智能初创企业的风险投资增加了 4 倍。人工智能的应用为大企业带来了巨大收益。人工智能对金融系统的影响更广泛:全球有一半金融交易(数万亿美元)通过自动(算法)交易完成。

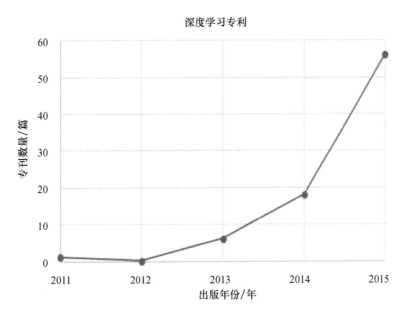

使用"深度学习"或"深度神经网络"术语的专利数分析

虽然人工智能领域持续发展,但仍然存在一些局限性。当前,几乎所有进展都来自"狭义人工智能"领域,即可以很好地执行具体任务;而"通用人工智能"领域的进展则很少,即跨多认知领域工作。"狭义人工智能"方面取得的进展也是不均衡的。图像识别人工智能系统仍然需要依靠大量人工劳动标注数千个实例。相比之下,大多数人只需要几个例子就可以完成一次学习。大多数机器视觉系统都很容易混淆有重叠物体的复杂场景,即使是儿童都可以轻而易举地"解析场景"。场景理解对人而言易如反掌,但对机器而言却非常困难。

目前,人工智能处于第三次浪潮的初始阶段,此次浪潮聚焦于解释和通用人工智能技术。目标是使学习模型能够进行解释和修正互动,能够清楚说明输出的基础和可靠性,操作具有高透明度,从狭义人工智能发展到更广泛的任务领域。如果成功,系统可以针对各种真实世界的现象构建解释模型,与人类自然沟通,在新任务或新状况中进行学习和推理,根据过往经验解决新问题。这些人工智能系统的解释模型可以通过高级技术自动构建,在系统中快速学习,为系统提供"意义"或"理解",让系统具备更多能力。

2. 研发战略

《计划》中概括的研究优先项目大多是产业很少投资的领域,因此迫切需要联邦政府的资金。这些优先项目涉及人工智能的许多方面,包括人工智能子领域的普遍需求,如感知、自动推理/规划、认知系统、机器学习、自然语言处理、机器人等。由于人工智能的涉及面很广,这些优先项目能够扩展至整个领域,而不仅仅是关注某个子领域的单个研究问题。为了执行《计划》,应制定详细的路线图,弥补与《计划》呼应的能力差距。

联邦政府最重要的优先项目之一是长期、持续地研究人工智能(如战略1所述),以推动发掘和发现。美国联邦政府的许多高风险、高收益基础研究投资都带来了变革性技术发展,如互联网、GPS、智能电话话语识别、心脏监视器、太阳能板、高级蓄电池、癌症治疗等。人工智能的前景涉及社会的方方面面,将带来巨大社会和经济效益。

因此,为了维持在人工智能领域的世界领先地位,美国必须将投资重点放在高优先级的长期基础人工智能研究上。

许多人工智能技术需要与人协同工作。因此,如何让人工智能系统与人以直观有益的方式协同工作是一个巨大的挑战。随着人工智能系统不断增加,人类能力不断增强,人与人工智能系统之间的壁垒正在缓慢消失。探索人与人工智能之间交互的有效方法需要开展基础研究(如战略2所述)。

人工智能的进步能为社会带来许多积极影响,也可以增强美国的国家竞争力。尽管带来了最具变革性的技术,但人工智能在许多方面仍然存在风险,包括就业、经济、安全、道德、法律等。因此,随着人工智能科学与技术的发展,联邦政府必须投资研究,更好地理解人工智能对各个领域的影响,并通过发展符合道德、法律和社会目标(如战略3所述)的人工智能技术缓解上述影响。

当前,人工智能技术的一个关键空白是缺少确保人工智能系统安全和预测性能的方法。确保人工智能系统的安全性是一项挑战,因为人工智能系统异常复杂,而且在本质上不断进化。许多优先研究项目致力于克服人工智能的安全挑战。首先,战略4强调对解释和透明系统的要求,以获得用户信任,能够以用户可接受的方式按照用户意愿工作。人工智能系统具有强大的能力并且非常复杂,加之能够与用户和环境进行多种交互,因此必须在增强人工智能技术安全性和可控性方面开展研究。战略5呼吁联邦政府投资人工智能训练和测试共享数据集,以推动人工智能研究的发展,并与备选解决方案进行有效比较。战略6讨论了如何利用标准和基准确定研究进展、弥补缺陷、推动创新方案,应对具体问题和挑战。标准和基准对人工智能的测量和评估,以及确保人工智能技术符合关键功能和互操作性目标至关重要。

最后,人工智能技术在各行各业的推广为人工智能研发专家带来了新压力。核心人工智能科学家和工程师将有更多机会深入了解技术,产生新想法,突破领域知识的极限。国家应采取措施确保人工智能人才的充分输入。战略7致力于解决这方面的挑战。

《计划》的整体组织架构最底部是贯穿各方面的基础,影响所有人工智能系统的发展;这些基础在战略3~7中有说明。中间部分包括许多推动人工智能发展的研究领域。这些基础研究领域(包括受使用启发的基础研究)在战略1~2中有概括。顶部是预期将从人工智能发展中受益的应用示例,如本文件愿景章节所述。《计划》的各部分构成了一个高水准的联邦政府投资框架,可以推动领域发展,产生积极的社会效益。

2.1 战略1:对人工智能研究开展长期投资

在具有潜在长期回报的领域也需要对人工智能研究进行投资。长期研究的一个重要内容是开展增量研究,获得可预见的结果。但长期、持续投资高风险研究可以带来更高的收益,这些收益在未来五年、十年甚至更久以后才可以显现。国家研究委员会近期的一份报告强调了联邦政府投资对长期研究的重要性,报告中指出:"长期、不可预测的培育期(从初步探索到商业使用之间的时期)需要稳定的研究工作和资金投入"。报告还指出,从初步概念到成功进入市场通常需要数十年的时间。持续的基础研究带来高收益的例子有万维网和深度学习。这两个例子的基础研究都是从20世纪60年代开始,经过三十余年的持续研究,这些概念如今成为了多个人工智能类别的革命性技术。

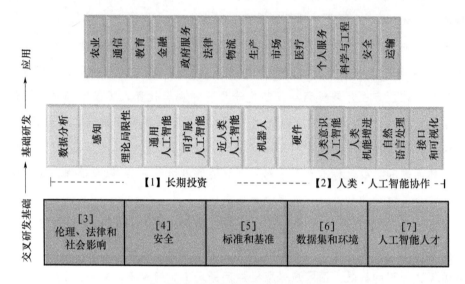

人工智能研发战略计划的组织架构

例1:计算病理学的人工智能

图像判读在癌症病理诊断中发挥着重要作用。从19世纪后期开始,病理学家进行决定性癌症诊断的主要工具是显微镜。病理学家手动检查癌组织切片,判断癌症类别。传统方法的病理诊断属于劳动密集型工作,不可重复,质量也无法保证。一些新方法利用基础人工智能研究成果创建工具,使病理分析更加高效、准确、可预测。2016年,在转移癌检测的"Camelyon大挑战"中,一个基于人工智能的计算机系统错误率为7.5%;而病理学家查看相同评估图像的错误率为3.5%。结合人工智能系统的预测,病理学家的错误率降低到0.5%,意味着错误率降低了85%。这个例子说明了人工智能基础研究能够推动高性能计算机系统的发展,使病理诊断更加高效、准确。

(1) 为知识发掘发展基于数据的方法。

如《联邦大数据研发战略计划》所述,在进行智能数据理解和知识发掘时需要许多新的基础工具和技术。机器学习算法还需要进一步的发展才能找出大数据中隐藏的有用信息。许多开放性研究问题都围绕数据的创造和使用展开,包括人工智能系统训练的精确性和适当性。在处理庞大数据集时,确保数据精确性尤其困难,人类很难从中评估并提取有用信息。尽管许多研究通过数据质量保障方法进行数据清理和知识发掘,从而确保数据真实性,但还需要进一步研究如何提高数据清理技术的效率,开发用于确定不合规和异常数据的方法和能够整合人类反馈的方法。研究人员需要探索能够在挖掘数据的同时挖掘相关元数据的新方法。

许多人工智能应用在本质上是跨学科的,使用的数据非常混杂。要从大量异质数据中(如离散、持续、文本、空间、临时、时空、图表数据)发掘知识,需要进一步研究多模机器学习。人工智能调查人员必须判断训练所需的数据量,以满足处理大规模数据和长尾数据的需求;还需判断如何利用单纯统计学以外的方法识别并处理罕见事件;使用各种知识源(所有解释世界的信息类型,如万有引力定律、社会规范)和数据源,在学习过程中整合模型和本体;在没有大数据的情况下从少量数据中获取有效的学习绩效。

(2) 增强人工智能系统的感知能力。

感知是智能系统看世界的窗口。感知从传感数据(可能是分布式)开始,有多种形态和形式,如系统状态或环境信息。传感数据常常与先验知识和模型一同处理、融合,提取与人工智能系统任务有关的信息,如几何特征、属性、位置和速度。感知数据整合之后形成态势感知,为人工智能系统提供综合信息以及有效、安全地计划和执行任务所需的世界状态模型。人工智能系统可以极大受益于硬件和算法的发展,实现更加可靠的感知。传感器必须能够在较远距离实时捕捉高分辨率数据。感知系统需要整合大量传感器和其他来源的数据,包括计算云端,判断人工智能系统目前感知到的是什么,以推测未来状态。物体探测、分类、识别和认知仍然存在较大难度,尤其是在杂乱动态的条件下。此外,合理地结合使用传感器和算法可以大幅提高人类感知能力,使人工智能系统与人类更有效地协作。目前,需要发展一个框架,用于计算并传输感知过程的不确定性,量化人工智能系统态势感知的置信度,提高准确性。

(3)了解人工智能的理论能力和局限性。

许多人工智能算法的最终目标是利用类人的解决方案克服挑战。我们尚未深入了解人工智能的理论能力和局限性,不知道使用人工智能算法的类人解决方案在何种程度上可以实现。因此,需要开展理论工作,更好地了解为什么人工智能技术,特别是机器学习,通常能够在实践中奏效。尽管许多学科(包括数学、控制科学和计算机科学)都在研究这个问题,但目前仍然没有用于理解人工智能系统性能的统一理论模型或框架。还需要开展计算可解性方面的研究,了解人工智能算法在理论上可以解决和无法解决的问题类型。必须在现有硬件条件下了解这些情况,弄清楚硬件对这些算法性能的影响。了解哪些问题理论上是无法解决的,可以让研究人员探索近似的解决方案,甚至在新的人工智能系统硬件上开发新的研究路线。例如,人工神经网络在20世纪60年代刚刚出现时只能解决非常简单的问题。在升级硬件(并行化)调整算法后,人工神经网络已经可以用于解决复杂问题。这种发展是取得深度学习重大进展的关键因素。

(4)通用人工智能研究。

人工智能技术可以分为"狭义人工智能"和"通用人工智能"。狭义人工智能系统主要执行具体专业领域的任务,如话语识别、图像识别和翻译。最近一些狭义人工智能系统取得了重大进展,包括IBM公司的"沃森"和深度思维的"阿尔法狗"。这些系统被称为"超人"系统,因为它们打败了最优秀的人类选手。但是这些系统都属于狭义人工智能系统,只能用于特定任务。要扩展这些系统的使用还需要许多设计工作。相比之下,通用人工智能的长期目标是创建在广泛认知领域中具备灵活性和多功能性的人工智能系统,包括学习、语言、感知、推理、创造和规划。由于具有广泛的学习能力,通用人工智能系统通过与人类互动学习,可以将一个域的语言转换成另一个域的语言。自人工智能诞生以来,实现通用人工智能一直是研究人员的一个宏远目标,但当前的系统还远远无法达到这一目标。目前研究人员还在探索狭义人工智能与通用人工智能之间的关系,因为这两者可以相互借鉴,相互提高。虽然没有获得一致意见,大部分人工智能研究人员认为,通用人工智能还需要数十年才能实现,需要长期持续的研究。

(5) 开发可延展的人工智能系统。

如果单独的人工智能系统无法执行特定任务,可能需要协调一个人工智能系统网络,其中可能包括协同工作或发挥领导作用的人员。这种多人工智能系统的运用在规划、协调、控制和扩展方面都存在巨大挑战。多人工智能系统规划技术必须能够快速、实时地适应环境变化;能够顺利适应通信带宽变化、系统降级和故障。之前许多研究都将重点放在集中规划和协调方法上,但这些方法都受到单点故障的限制,如没有计划人员或与计划人员的通信断开。分布式规划与控制技术在算法上更难实现,通常效率低下、缺乏完整性,但是针对单点故障可以提供更好的稳定性。进一步研究必须针对多人工智能系统和人类规划、控制以及团队协作,探索更高效、可靠、可延展的方法。

(6) 发展类人的人工智能研究。

要实现类人的人工智能,需要系统能够以接近人类的方式理解问题。因此将得到新一代智能系统,如智能辅导系统和智能助理,可以有效协助人类执行任务。目前人工智能算法的工作方式与人类学习和执行任务的方式还有很大差别。人类可以从几个实例中学习,或通过接收正式指令和"指示"来执行任务,或通过观察其他人的做法执行任务。例如,医学院让学生观摩医生的复杂医疗流程,从中学习经验。对于高性能任务,如世界冠军围棋赛,大师级选手可能需要几千局棋来进行训练,相比之下,训练"阿尔法狗"需要的棋局次数如果让人来完成,可能需要几百年时间。开展更多关于类人人工智能新技术的基础研究,有助于使这些系统成为现实。

例2:国家科学基金会资助的安全博弈论框架

安全是全世界都关注的重点问题,包括:保护港口、机场和其他基础设施;保护濒危野生动物、植物和鱼类;抑制城市犯罪;网络空间安全。然而,安全资源有限,无法全面覆盖这些方面,我们必须优化有限的安全资源。"安全博弈"框架(以计算博弈理论为基础,结合人类行为建模、不确定状态下的人工智能规划和机器学习因素)旨在为美国和全世界的安全机构建设并部署辅助决策系统。例如:洛杉矶国际机场自 2008 年开始部署的随机监控或巡点派遣软件系统;联邦空中法警服务局自 2009 年开始使用的 IRIS 系统;美国海岸警卫队自 2011 年开始使用的 PROTECT 系统。一般而言,在有限的安全资源条件下(如船只、空警、警察),如果有大量不同价值的目标(如一个机场不同航站楼的不同编队),安全博弈辅助决策系统将根据不同目标的价值,提供随机分配或巡点调度,在多种安全态势下智能应对敌人。这些应用可以极大改善安全机构的绩效,例如捕获率、红队、随机巡逻计划等。

美国海岸警卫队　　　　　　全球范围应用

美国巡警部门　　　　　　洛杉矶国际机场警察

(7) 开发能力更强、更可靠的机器人。

过去十年,机器人技术的重大发展对许多应用都产生了潜在影响,包括制造、物流、医疗、卫生、国防、国家安全、农业和消费品。对机器人的最初设想是将其用于静态产业环境,而近期发展涉及机器人与人类之间的密切协作。机器人技术在现在看来前景明显,因为能够从身体和智力上提供补充、增强、提高或模仿功能。但科学家还需要使机器人系统能力更强大、更可靠和更容易使用。

研究人员需进一步了解机器人感知,从大量传感器中提取信息,为机器人提供实时态势感知;推动机器人认知和推理的发展,使机器人能够更好地理解真实世界,并与之互动;提高机器人的适应和学习能力可以使机器人技能一般化,对当前性能进行自我评估,向人类学习身体运动技能;深入研究机器人的机动性和操纵性,使机器人能够在崎岖不平的地面移动,巧妙躲避物体。机器人需要学会以可靠且可预测的方式与人类开展无缝协作。

(8) 推动人工智能的硬件升级。

虽然人工智能研究普遍与软件发展相关,但人工智能系统的性能在很大程度上取决于自身硬件。目前,深度机器学习的复兴与以 GPU 为基础的硬件技术的进展及其存储、输入/输出、时钟频率、并行及能效能力的增强有直接关系。开发能够满足人工智能算法需求的硬件可以使系统性能超越 GPU。例如,"神经形态"处理器受人脑组织启发,能够在某些情况下针对神经网络行动进行优化。

升级硬件还可以改善数据密集型人工智能方法的性能。因此,进一步研究如何在分布式系统内部,以可控的方式打开和关闭数据管道的方法十分必要。持续性研究的必要性体现在它能使机器学习算法高效地从高速数据中获取信息,如可同时学习多个数据管道的分布式机器学习算法。基于先进机器学习的反馈方法使人工智能系统能够从大量模拟、实验仪表和分布式传感系统(如智能建筑和物联网)中智能取样或确定数据优先顺序。这种方法可能需要动态输入/输出决策,即按照数据的重要性作出实时选择,而不是以固定频率简单存储数据。

(9) 为升级的硬件创造人工智能。

经过升级的硬件可以增强人工智能系统的能力,而人工智能系统反过来也可以优化硬件的性能。这种相互作用之所以能进一步优化硬件性能是因为计算存在物理限制,因此需要开发新的硬件设计方法。基于人工智能的方法对于改进需要消耗大量能源的高性能计算系统尤为重要。人工智能还可用于预测高性能计算的性能和资源利用,进行在线优化决策,提高系统效率;更先进的人工智能技术能够进一步提高系统性能。人工智能还可以用于创建自重置高性能计算系统,能够独立处理系统故障问题,无需人为干预。

增强的人工智能算法可以减少处理器和内存之间的数据移动(百万兆级计算系统的主要障碍,这种级别系统的运行速度比今天的超级计算机快10倍),提高多核系统性能。实际上,高性能计算系统的执行配置都不相同,可以同时执行不同的应用,并且每个应用的代码都独立运行。因此,必须对人工智能算法进行设计,以便能够在线操作,并且能够适用于高性能计算系统的规模。

2.2 战略2:开发有效的人类与人工智能协作方法

在特定应用领域,完全自主的人工智能系统非常重要,如水下或深空探测;而对于许多其他应用领域,例如灾后重建和医疗诊断,人与人工智能系统协作最为有效,因为可以实现人与系统的优势互补。虽然人—人工智能有效协作的技术已经存在,但大部分都是"单点解决方案",只能在特定环境中使用特定平台达成特定目标。针对具体应用生成的单点解决方案无法形成规模;许多工作无法通过单点解决方案解决,需要更通用的人—人工智能协作方法。目前有两种选择:一是设计一个可以处理各种情况的通用系统,这种系统对人的需求较少,能够在不同应用之间切换;二是构建大量用于解决特定问题的系统,这些系统对于解决单个问题更加有效。

未来的应用将发生巨大变化,主要体现在:人与人工智能系统角色划分的改变、人与人工智能系统之间互动本质的改变、人与其他人工智能系统协作的数量及人与人工智能系统沟通和共享态势感知方式的改变。人与人工智能的角色划分主要如下:

一是人工智能执行辅助人类的功能。人工智能执行次要任务,支持人类决策。例如,人工智能协助人类进行工作记忆存储、短期或长期记忆检索,执行预测任务。

二是人工智能执行分担人类高认知负荷的功能。在人需要协助时,人工智能系统开展复杂监控工作(如飞机的近地防撞警告系统)、决策和自动医疗诊断。

三是人工智能执行代替人类的功能。人工智能执行因人能力有限而无法执行的任务,如复杂数学运算、在竞争激烈的作战环境中对动态系统进行控制指导,在有害或有毒环境中,以及系统需要做出快速反应的情况下对自动系统进行控制(如核反应堆控制室)。

要实现人与人工智能之间的有效互动需进一步开展研发工作,以确保系统设计不会造成过于复杂、信任不足或信任过度的问题。可以通过训练和经验积累增强人对人工智能系统的熟练程度,确保人类充分了解人工智能系统的能力和局限性。要解决这些问题,需要在设计和开发这些系统时坚持以人为中心的自动化原则,主要如下:

一是在人工智能系统界面、控制和显示中采用直观易用的设计。

二是与操作人员保持信息沟通。向操作人员报告关键信息、人工智能系统状态及变动。

三是训练操作人员。对操作人员就常识、技能和能力开展反复训练,开展人工智能系统算法和逻辑训练以及系统预期故障模式训练。

四是保证自动化系统的灵活性。应考虑操作人员的意愿,将人工智能的部署作为一种设计选项。可在操作人员工作负荷过大或过于疲劳时提供支持的自适应人工智能系统的设计和部署也很重要。

研究人员在创建可与人有效协作的系统时遇到了许多基础挑战。后文将详述其中部分重要挑战。

(1)为人类感知型人工智能开发新算法。

多年来,人工智能算法已经能够解决日益复杂的问题。不过,算法的能力与系统真正的可用性之间仍然存在差距。人类感知型智能系统能够与用户进行直观互动,为人机无缝协作提供支持。直观交互包括:浅交互,如用户放弃系统提供的某一选项;基于模型的方法,考虑用户以往的行为;用户意图深层模型,这种模型以人类感知精确模型为基础。另外,必须开发打扰模型,使交互系统只在必要和恰当时打扰人类。智能系统还应具备增强人类认知的能力,明确用户需要检索的信息,甚至在用户没有明确告知系统需要哪些信息时也能做到这一点。未来的智能系统还必须能够考虑人类的社会准则并以此为依据执行任务。如果智能系统能够拥有一定程度的情商,能够识别用户情绪并适当作出响应,就可以更有效地开展人机协作。另一个研究目标是从人机交互向"系统—系统交互"发展,即多台机器组成的团队与多人团队之间的交互。

人与人工智能系统交互的目标很多。人工智能系统需要能够阐述大量目标以及实现这些目标需要采取的行动、行动的约束及其他因素,还需要容易适应目标的更改。此外,人与人工智能系统必须保持目标一致,相互了解各自情况及当前状态。因此有必要开展进一步调查,使人—人工智能系统的这些特征更为普遍化,从而开发出对人类工程需求更少的系统。

(2) 开发可增强人类能力的人工智能技术。

过去的许多研究将重点放在算法上,这些算法执行精密任务的能力往往能够与人比肩或超越人类。未来应更加侧重于开发可增强人类能力、跨多领域工作的系统。人类能力增强研究的算法可用于固定设备(如计算机)、可穿戴设备(如智能眼镜)、植入设备(如脑机接口)和特定用户环境(如特殊定制的操作室)。举例来说,在增强感知能力后,医疗助理可根据多台设备的综合数据指出医疗程序中的错误。有些系统能够增强认知能力,帮助用户回想起适用于当前状况的经历。

人与人工智能系统之间的另一种协作是对智能数据的主动学习。在主动学习过程中,输入的数据由领域专家提供,只有在算法不确定时,才会根据数据进行学习。这种技术可以减少所需的训练数据量,或需要学习的数据量。主动学习是获取领域专家输入,提高学习算法可信度的一个重要方式。截至目前,主动学习仅用于监督式学习。后续研究应侧重于将主动学习与无监督学习(如集群和异常检测)以及强化学习进行整合。概率网络以先验概率分布的形式将领域知识纳入范畴之内。因此,必须寻求能使机器学习算法吸收领域知识的通用方法,形式可以是数学模型或文本等。

(3) 开发支持可视化和人—人工智能接口的技术。

需要加大开发力度的领域还包括可视化和用户接口的优化,以帮助人类理解多向来源的大容量当代数据集和信息。可视化和用户接口必须以用户能够理解的方式清晰呈现日益复杂的数据及其衍生信息。对以安全为重的操作来说,提供实时结果非常重要,可通过增强计算能力和连接系统实现。在这些情况下,用户需要可视化,用户接口必须能够快速传达正确信息并实时响应。

人—人工智能协作可应用于各种环境,包括通信限制环境。在特定领域,人—人工智能通信的时延较低,通信迅速、可靠。但在有些领域(如美国国家航空航天局在火星部署"勇气"号和"机遇"号探测器),人与人工智能系统之间的通信时延非常高(往返于地球与火星之间需耗时 5~20 分钟),要求部署的平台具备高度自主的操作能力,人类仅需向平台传达高级战略目标。这些通信要求和限制是用户接口研发人员需重点考虑的事项。

(4)开发更有效的语言处理系统。

能够使用口语和书面语与人工智能系统互动一直是人工智能研究人员的目标。尽管在该领域已经取得了重大进展,但要使人与系统像人与人之间一样有效地交流,还有许多研究难点需要解决。近期在语言处理方面取得的进展得益于数据驱动型机器学习方法的使用。这种方法已经应用于许多系统,如在安静环境中成功实时识别流利的英语口语。但这些成就只是实现长期目标的第一步。当前系统无法处理的现实世界语言难题包括嘈杂环境中的语音、浓重的地方口音、婴童的话、音质受损的语音以及手语。因此,开发能够与人实时对话的语言处理系统非常必要。这些系统需要对人类对话者的目的和意图进行推断,使用适合实际情况的语域、语体和修辞,并在发生对话误解时采用修正策略。后续研究应侧重于开发能够在多种语言中通用的系统。此外,应该研究如何以语言处理系统可随时访问的方式获取有用的结构化领域知识。

> **例 3:DARPA"学习型个性化助理"计划开发的技术被苹果公司商业化(如 Siri)**
>
> 计算技术影响着当代生活的方方面面,但我们日常使用的信息系统缺乏通用、灵活的人类认知能力。在"学习型个性化助理"计划中,国防高级研究计划局致力于创造能够从经验和推理中学习,并通过语言接口获取行动指令的认知助手。国防高级研究计划局认为该技术将提高信息系统为用户服务的效率和效力。国防高级研究计划局和计划执行者与军事运营商开展了合作,利用该系统处理指挥和控制问题,并将学习技术集成到美国陆军指挥所"Battle Command 10"的未来版本中。目前,该技术已在全球范围内使用。

国防高级研究计划局敏锐地发现了"学习型个性化助理"技术的商业潜能,特别是在基于语音的智能手机交互所需的移动应用方面。国防高级研究计划局大力提倡"学习型个性化助理"计划的商业化。2007年,在国防高级研究计划局的鼓励下,Siri公司成立,率先将该技术商业化,将其应用于一个通过语音接口协助用户管理信息并自动执行任务的系统中。2010年4月,苹果公司收购Siri公司并进一步开发,将该系统整合到iPhone和iPad所用苹果移动操作系统中。

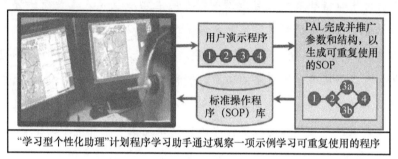

"学习型个性化助理"计划程序学习助手通过观察一项示例学习可重复使用的程序

美国陆军指挥所"Battle Command 10"的未来版本

此外,为了使人与人工智能系统之间的交互更加自然和直观,需在许多其他领域进一步开发语言处理能力。必须创建更加强大的计算模型,能够识别口语和书面语模式,作为确定情绪状态、喜好和立场以及判断语音和文本中暗含信息的证据。此外,要想在物理世界(如机器人学)人工智能系统运行所需环境背景中建立语言基础,需要开发新的语言处理技术。人们在网络上互动时的交流方式与语言交流的方式差距很大,因此,要提高社会人工智能系统与人交互的有效性,就必须完善在这些语境中所使用的语言模型。

2.3 战略3:了解并处理人工智能的道德、法律和社会影响

在人工智能主体自主行动时,我们希望它们能够遵循人类的各种正式和非正式规则。作为维持社会秩序的基本力量,法律和道德对人工智能系统的行为发挥着约束和评判作用。主流研究需聚焦于人工智能的道德、法律和社会意义,致力于开发符合道德、法律和社会准则的人工智能设计理念。此外,还必须

考虑隐私问题;详细信息参见《国家隐私研究战略》。

与其他技术一样,人工智能的使用也必须遵守法律和道德原则;目前的挑战是如何将这些原则应用于这一新技术,特别是涉及自主、代理和控制的原则。

《可靠与有益人工智能的研究重点》一文指出:"为了建造能够可靠运行的系统,我们需要在各应用领域确定良好行为意味着什么。道德维度和许多问题联系紧密,例如,可以使用哪些工程技术;这些技术是否可靠;当计算机科学、机器学习和广泛的人工智能专业人士都非常重要时应该如何取舍"。

该领域的研究可以从计算机科学、社会和行为科学、道德、生物医学、心理学、经济学、法律和政策研究等多学科的专家意见中受益。应该进一步对网络信息技术研发计划的信息技术领域开展全面研究,才能更好地为人工智能系统的研发和使用以及对社会产生的影响提供参考。以下内容探讨了该领域中关键信息技术研究的挑战。

(1) 加强公平性和透明度,从设计上嵌入问责制。

很多人担心数据密集型人工智能算法容易出错或被误用,可能会给性别、年龄、种族或经济阶层造成一定影响。就这一点而言,人工智能系统的数据收集和使用面临重大挑战。然而,除了单纯的数据问题以外,人工智能从设计上保证公平、公正、透明和可靠性也是一个较大的问题。研究人员必须学习如何从设计上保证系统操作和决策具有透明度并且容易解释,检查系统是否存在偏见,而不是仅仅了解并重复偏见。在如何体现和编写与价值观和信仰相关的代码方面,需要解决一些严肃的智能问题。科学家们还应该研究可以从何种程度在设计中整合公平和公正,以及如何在当前工程技术条件下实现这些目标。

(2) 开发符合伦理道德的人工智能。

除了公平、公正问题外,人们还担心人工智能系统的行为是否能够遵守一般的道德规则。人工智能的进展是否会引发与"机器相关"的道德问题,或者哪些人工智能使用被认为是不道德的?从本质上来说,道德是哲学问题,而人工智能技术是工程问题。

因此,在技术可行的范围内,研究人员必须努力开发符合现有法律、社会规范和道德的算法和架构,并保证其可验证性,这显然是一个巨大的挑战。对道德原则的描述通常存在一定的模糊性,并且很难转化为精确的系统和算法设计。人工智能系统,特别是带有自主决策算法的人工智能系统,在独立或者存在冲突的价值观体系中总会面临道德的两难选择。尽管不同的文化、宗教和信仰下的道德问题不同,但是可以开发可接受的道德参考框架,用于指导人工智能系统的推理和决策,以解释和说明人工智能系统的结论和行动。在开发能够反映正确价值观的训练数据集时需要使用跨学科的方法,如在面对复杂道德问题或冲突价值观时能够指出恰当的行为。人工智能需要具备基于价值观的解决冲突的适当方法,系统中整合的原则可以解决严格规则无法解决的复杂现实情况。

(3)为道德的人工智能设计架构。

必须开展更多基础研究,确定如何更好地设计人工智能系统架构,整合道德的推理功能。在这方面提出了各种方法:一是双层监督架构,即在人工智能操作之外设立单独的监督代理,负责对系统行动进行道德和法律评估;二是注重安全工程,人工智能代理架构使用精确的概念框架,以确保人工智能的行为安全且对人无害;三是使用特定的理论原则建立一个道德框架,同时对人工智能行为施加逻辑制约,使系统行为必须符合道德原则。随着人工智能系统的普及,架构中可能会包含许多能够处理道德问题的子系统,提供各种级别的道德判断,如、快速反应模式匹配规则、对描述和证明行动合理性的慢速反应进行谨慎推理、能够为用户表明可信性的社会信号以及能在更长时间范围内运行且使系统遵守文化规范的社会过程等。研究人员应致力于研究如何实现人工智能系统的最优整体设计,使系统符合道德、法律和社会目标。

2.4 战略4:保证人工智能系统的安全

在广泛使用人工智能系统前,应确保系统能够以可控的方式安全运行。应开展研究,解决创建可靠、可依赖和可信人工智能系统方面的挑战。和其他复杂系统一样,人工智能系统存在安全挑战,原因如下:

一是复杂、不稳定的环境。在许多情形下,许多人工智能系统的设计是在复杂环境下操作,需要设计大量潜在情况,但却无法进行详尽的检查和测试。因此,系统可能会遇到设计时从未测试过的情况。

二是突发行为。对于部署后再进行学习的人工智能系统来说,系统行为很大程度上取决于无监督条件下的学习时长。在无监督条件下很难预测系统行为。

三是错误的目标设定。由于很难将人类目标翻译成计算机指令,在编程时可能无法与程序员的预期目标相吻合。

四是人机互动。在许多情况下,人工智能系统的性能受人机互动的影响很大。此时,人类反应的变化可能会影响系统安全性。

为解决上述问题,需进行更多投资优化人工智能的安全性,包括可解释性和透明度、信任、验证、攻击抵御能力以及人工智能的长期安全和价值取向等。

(1)增强可解释性和透明度。

增强人工智能的"可解释性"或"透明度"是一个重要的研究挑战。很多算法,包括基于深度学习的算法,对用户都是不透明的,并且没有能够解释结果的机制。对某些领域来说这个问题尤为棘手,如在医疗保健领域,医生需解释特定诊断或疗程的合理性。决策树归纳法等人工智能技术虽能提供内在的解释机制,但通常不够精确。因此,研究人员必须开发透明、能够为用户解释结果的系统。

(2)建立信任。

要获得信任,人工智能系统设计者应创建精确、可靠、信息丰富且具有用户友好接口的系统。同时,操作人员还须花时间接受大量训练,以了解系统操作和性能局限性。广受用户信任的复杂系统(如车辆的手动控制系统)的透明度(用户可以看见系统操作)、可信度(系统输出得到用户接受)、可审查性(可进行系统评估)、可靠性(系统运行符合用户意图)和可恢复性(用户可随时恢复控制)日益增强。当前和未来人工智能系统仍然面临软件产品技术质量不稳定的重大挑战。技术进步使人与人工智能系统的联系更加紧密,在此背景下的信任挑战包括:与系统能力变化和提高保持同步;预测技术进步的采用和长期使用;为研究最佳实践的设计、构建和使用(包括对操作人员进行适当的安全操作培训)制定治理原理和政策。

(3)加强认证和鉴定。

需开发认证和鉴定人工智能系统的新方法。"认证"指的是确定系统符合正式规范,"鉴定"指的是确定系统满足用户要求。安全的人工智能系统要求使用新方法进行评估(确定系统是否存在故障,或是否会在规定参数外运行时发生故障)、诊断(确定故障原因)和修复(调节系统,处理故障)。对于长时间自主运行的系统,系统设计者无法考虑到所有可能遇到的情况。因此,这类系统需具备自我评估、自我诊断和自我修复能力,才能保证稳定性和可靠性。

例4:美国国家航空航天局(NASA)埃姆斯研究中心:防微杜渐

由于基于模型的异常检测方法存在缺陷,NASA 埃姆斯研究中心于2003年开发出了一种数据驱动型异常检测方法,即感应式监控系统。自那时起,NASA 的系统健康监测就开始使用感应式监控系统,包括监控航天飞机和国际空间站及非国家航空和航天局应用。

2014年"猎户座"载人飞船试发射,使用 IMS 进行电力系统监测

2012年,"综合性工程管理解决方案"为感应式监控系统颁发了许可证,并进行了系统强化,同时与国家航空航天局埃姆斯研究中心和洛克希德·马丁公司

开展合作,在 C-130"大力神"军用运输机上测试了感应式监控系统。在测试中,系统负责监控集成系统的健康状况。洛克希德·马丁公司为此次测试投资了 7 万美元,但几乎立刻就在维护成本和任务推迟损失上获得了 10 倍的回报。

C-130 军用运输机,部署有预测软件,以预测发动机之间的气流阀是否失灵

(4)针对攻击的防御。

嵌入关键系统的人工智能必须具备稳定性,以应对意外事件,同时还应具备防御大范围恶意网络攻击的能力。安全工程需要了解系统弱点和针对该弱点的攻击行动。虽然网络信息技术研发计划制定的《网络安全研发战略规划》详细阐述了网络安全研发的必要性,但一些网络安全风险主要针对人工智能系统,例如,"对抗性机器学习"是一个关键研究领域,其通过"污染"训练数据、修改算法或对目标进行微小修改使其无法被正确识别(如能骗过面部识别系统的假体),以此探索将在何种程度上危害人工智能系统。在网络安全系统中使用人工智能需要高度的自主能力,这也是未来需开展进一步研究的领域之一。近期,国防高级研究计划局举办的"网络大挑战"就涉及了人工智能代理自主分析并对抗未来攻击的问题。

(5)实现长期的人工智能安全和优化。

人工智能系统最终将具备"循环的自我优化"能力,这意味着工作量巨大的软件修改无需由程序员执行,软件自身就可以完成。为确保这种自我修改系统的安全性，需要进行一些研究，包括：自我监控架构，负责检查系统行为是否符合设计人员的初衷；约束策略，防止发布没有完成评估的系统；价值观学习，系统可推断出用户价值观、目标或意图；价值框架，可以证明自我修改。

2.5 战略5：为人工智能训练和测试开发共享数据集和环境

人工智能的益处将逐渐积累，但严重依赖于人工智能训练和测试资源的开发和使用。训练数据集和其他资源的多样性、深度、质量和精度将对人工智能性能产生极大的影响。许多人工智能技术都需要高质量数据，用于训练和测试，以及动态和互动的试验台和模拟环境。这不只是一个技术问题，也是一个重要的公共利益挑战，如果只有少数已经建立有用数据集和资源的实体开展人工智能的训练和测试，人工智能无法取得显著进展，因此我们必须尊重商业和个人在数据方面的权利和利益。开展进一步研究来开发各种人工智能应用所需的高质量数据集和环境，并负责获取良好数据集和测试与训练资源。此外，还需使用开源软件库和工具包加速人工智能研发的进程。以下是一些关键领域。

(1) 开发并提供多种数据集以满足人工智能利益和应用的需求。

人工智能训练和测试数据集的完整性和可用性对确保得出结果的科学性来说至关重要。支持数字领域可重复研究的技术和社会基础设施是一个公认的挑战，对于人工智能技术来说也十分重要。如果缺少经过审查、公开可用的数据集（来源明确且具有可重复性），人工智能领域难以取得令人信服的进展。和其他数据密集型科学一样，获取数据源至关重要。研究人员必须能够使用相同和不同的数据集重现结果。数据集必须能够准确反映出现实世界应用面临的挑战，而不能仅仅简化挑战。为加快发展，应该强调将政府的现有数据集、联邦政府资助开发的数据集和产业的数据集公开。

在人工智能挑战中，机器学习与"大数据"分析关系紧密。考虑到相关数据集的多样性，再现、访问和分析未分类或半分类的数据仍是一项日益严峻的挑战。如何才能在绝对和相对（视情况而定）意义上再现数据呢？如今，现实世界的数据集中很可能存在不一致、不完整的数据和噪声数据。因此，为人工智能应用建立可用的数据集,必须掌握大量数据处理技术(如数据清理、集成、转换、减缩和再现等)。那么,数据处理如何影响数据质量,特别是在进行额外分析时?

鼓励人工智能数据集的共享,特别是用于政府资助的研究,有助于推动人工智能创新方法和解决方案的出现。然而,由于数据持有者在与研究群体共享数据时承担着一定风险,因此需要利用技术确保安全地共享数据。数据集的开发和共享必须遵守适用的法律法规,符合道德规范。很多情况都可能存在风险,包括不当使用数据集、不准确或不当披露,以及数据去身份技术(保护隐私和机密)的局限性等。

(2)使训练和测试资源反映商业和公共利益。

随着全球数据、数据源和信息技术的持续爆炸式增长,数据集的数量将不断增加、规模不断扩展。数据分析技巧和技术无法与初始信息源的高容量相匹配。数据采集、管理、分析和可视化都是主要研究挑战,但从海量数据中提取有价值的知识所需的科学技术明显滞后。尽管目前已经有数据库,但仍然无法应对数据集规模的扩大,数据源信息有限,并且不支持语义丰富的数据研究。因此,需要更加动态、灵活的数据库。

国土安全部开发的"网络风险与信任政策和分析的信息市场"项目是开放或共享基础设施,为人工智能研究提供支持的一个实例。该项目通过协调和开发现实世界数据和信息共享能力(包括工具、模型和方法),为全球网络安全风险研究提供支持。项目还支持国际网络安全研发团体、基础设施供应商及政府支持者之间的经验数据共享。人工智能的研发将从人工智能应用的类似项目中获益。

(3)开发开源软件库和工具包。

越来越多可用的开源软件库和工具包使开发者只要在联网情况下就能获得前沿人工智能技术。Weka 工具包、MALLET 和 OpenNLP 等资源加速了人工智能的开发和应用。免费和低价的代码库、版本控制系统和开发语言(如 R、Octave 和 Python)等开发工具降低了这些系统的使用和扩展门槛。此外,对于不想直接整合这些存储库的研发人员来说,现有的许多云机器学习服务可通过低延迟网络协议(只需进行少量编程或无需编程)执行图像分类等任务。最后,许多此类网络服务还提供专用软件,包括基于图形处理单元(GPU)的系统。因此,人工智能算法的专用软件,包括神经形态处理器,将通过这些服务获得广泛应用。

这些资源提供了人工智能技术的基础设施,创业者在无需成本高昂的硬件或软件,或者无需高级别人工智能专业人士的情况下就可以开发出能够解决具体领域问题的方案,还可以根据需求快速升级系统,从而鼓励市场创新。和许多其他领域相比,狭义人工智能领域市场创新的门槛非常低。

为了支持该领域持续的高水平创新,美国政府应推进开放人工智能技术的开发、支持和使用。使用标准化、开放格式和开放标准表达语义信息,包括域本体的开放资源将从中受益。

政府还将通过加速在政府内部使用开放人工智能技术,鼓励开放人工智能资源的采用,帮助降低创新者的准入门槛。政府应尽力为开源项目提供算法和软件。但与此同时政府也有一些顾虑,如强调数据的隐私和安全。因此,政府必须开发新机制协助更好地采用人工智能系统,例如,政府可以成立一个专项小组,专门在政府各机构内部"横向扫描",发现部门内部的人工智能应用领域,然后确定需要解决的具体问题,帮助这些部门采用此类技术。

2.6 战略6:利用标准和基准衡量和评估人工智能技术

人工智能群体使用的标准、基准和试验台对指导和促进人工智能技术的研发必不可少。以下内容概括介绍了需要进一步发展的领域。

(1)开发广泛的人工智能标准。

随着能力的快速发展和人工智能应用领域的扩展,必须加快标准制定的速度。标准能够提供一系列要求、规范、指南或特征,将它们结合使用可以确保人工智能技术满足功能和互操作性的关键目标,保证人工智能技术运行的可靠性和安全性。采用这些标准能够提高技术进步的可信性,扩大可相互操作的技术市场。电气与电子工程师协会制定的《机器人和自动化的标准本体》是与人工智能相关的标准,提供了再现知识的系统方法和一系列通用术语与定义。这些标准帮助实现了人、机器人和其他人工系统之间的知识转移,为机器人领域中的人工智能技术应用奠定了功能基础。所有人工智能子域都需要开展更多的人工智能标准开发工作。

需开发的标准如下：
- 软件工程：管理系统的复杂性、维护和安全性；监管、控制突发行为。
- 性能：确保准确性、可靠性、鲁棒性、可达性和延展性。
- 矩阵：量化影响性能的因素并使之服从标准。
- 安全：评估系统、人机交互、控制系统和法规适从性的风险管理和危害分析。
- 使用性：确保接口和控制的有效性、高效性和直观性。
- 互操作性：通过标准和兼容接口，定义可互换的部件、数据以及事务模型。
- 安全性：处理信息的保密性、完整性、可用性、网络安全。
- 隐私：在处理、传送或储存信息的同时保护信息。
- 追溯性：提供事件记录（事件的实施、测试和完成），以及数据管理。
- 域：定义特定域的标准词汇和相应框架。

（2）建立人工智能技术基准。

基准由测试和评估组成，为标准的制定和合规的评估提供量化措施。基准立足于经过战略筛选的场景，通过推动这些场景方面的进展驱动创新。基准提供的客观数据可以用于跟踪人工智能的科学技术进步。为了有效评估人工智能技术，必须开发有效的相关测试方法和参数，并进行标准化。标准的测试方法规定了协议和程序，这些协议和程序将用于评估、对比和管理人工智能技术的性能。同时，还需要标准参数定义量化措施，以表征人工智能技术，包括但不限于：精确性、复杂性、信任和资质、风险和不确定性；可解释性；意外偏见；与人类表现的对比；经济影响等。必须指出的是，基准都是基于数据的。战略5讨论了训练和测试数据集的重要性。

这里的一个成功案例是，国家标准技术研究院开发了一整套标准测试方法和相关性能参数，用于评估紧急响应机器人的关键能力。目标是通过使用统计意义显著的机器人能力数据，在不同机器人模型之间进行定量对比，这些数据都是通过标准测试方法收集的。对比结果可以指导采购决策，协助开发者了解机器人的部署能力。这些测试方法已经被标准化，作为ASTM国际标准委员会关于机器人操作设备的国土安全应用标准（E54.08.01 标准）。"RoboCup 救援机器人联赛"使用不同版本的测试方法对研究团队进行挑战。电气与电子工程师协会和国家标准与技术研究院联合举办的"工业自动化灵敏机器人竞赛"，通过利用人工智能和机器人规划方面的最新进展提高机器人的敏捷性。竞赛的重点在于测试工业机器人系统的敏捷性，最终目标是提高车间机器人的效率和自主性，降低现场工人操作需求。

尽管这些研究为推动人工智能基准的发展打下了坚实基础，但仍然受到特定领域的限制。因此，需开发更多跨域标准、试验台和基准，确保人工智能解决方案的普适性。

（3）提高人工智能测试平台的可用性。

《未来网络试验》阐述了测试平台的重要性："测试平台的意义在于研究人员就可以使用真实操作数据建模，在良好的测试环境中试验"。所有人工智能领域都需要具备充足的测试平台。政府拥有大量任务密集型数据，但是其中大部分数据都不能向政府以外的研究团队公开。应设立一些计划，使学术界和产业界研究人员能够在特定机构建立的安全测试平台环境中开展研究。研究界可以使用这些测试环境，共享并验证人工智能模型和试验方法。人工智能科学家、工程师和学生也可以因此获得独一无二的研究机会。

（4）人工智能界参与标准和基准的制定。

推动标准化，鼓励在政府、学术界和行业界建立标准化，需要政府的领导和协调。由用户、行业、学术界和政府组成的人工智能群体应该积极参与标准和基准的制定。各政府机构可以根据各自的角色和任务与人工智能群体接触，通过协调加强人工智能群体的互动，从而加强影响。在收集用户需求、预测开发者标准和促进教育机会时都需要这种协调。用户需求塑造了挑战问题的目标和设计，使技术评估成为可能。由整个群体制定基准，可以将重点放在研发上，以定义进展、缩小差距，提出特定问题的创新解决方案。这些基准必须包括定义和分配地面实况的方法。开发基准模拟和分析工具也可以加速人工智能的发展。基准还有助于将技术与用户需求相匹配，形成遵循标准、合格产品列表和潜在资源选择的客观准则。

产业界和学术界是新兴人工智能技术的主要来源。促进并协调二者参与标准和基准的制定至关重要。随着解决方案的出现,会出现许多机会,例如:通过分享对技术架构的共同设想预测开发者和用户的标准;制定新标准的参考实施方案以证明其可行性;开展竞争前测试以确保解决方案的高质量和互操作性;以及为技术应用开发最佳实践。

"文本检索会议"是人工智能界具有较高影响的一个人工智能基准计划。该计划由国家标准与技术研究院于1992年发起,为信息检索方法的大规模评估提供了必要的基础设施。目前已经有超过250个组织加入,其中不乏大型和小型学术和商业组织。计划制定的标准已经被广泛使用,这些标准由精心构建的一系列数据组成,信息检索研究也因此而复兴。另一个实例是国家标准技术研究院用于生物统计学的机器视觉领域周期性基准计划,特别是人脸识别领域。1993年开始评估的"人脸识别技术"计划,提供了一个人像照片标准数据集,可支持人脸识别算法的开发与评估协议。该计划历时多年,技术已经演变成为"人脸识别供应商测试",涉及的活动包括数据集发布、召开针对挑战性问题的会议以及实施独立的技术评估。该基准计划为改进人脸识别技术做出了巨大贡献。"文本检索会议"和"人脸识别技术"都是人工智能相关领域有效基准活动的实例,在人工智能其他领域也需进行类似的研究。

值得一提的是,制定和采用标准,以及参与基准活动都会付出代价。研发组织只有在看到巨大回报时才有参与的动力。更新各机构的采办流程,纳入具体的人工智能标准要求,有助于鼓励人工智能群体积极参与标准的制定和采用。"文本检索会议"和"人脸识别技术"等与人工智能相关的基准,能提供其他途径无法获得的各类训练和测试数据,从而降低了门槛,提供了激励,有助于形成技术开发者之间的有益竞争,促进最优算法的开发,为相关资源选择提供客观可比的性能衡量方法。

2.7 战略7:深入了解国家人工智能研发劳动力的需求

要取得本文中提到的人工智能研发进展,需大量人工智能研发人才。人工智能研发力量较强的国家将在未来确立在自动化领域的领先地位,成为算法创造和开发、能力示范及商业化等方面最具竞争力的领头羊。技术专业人才的发展为这些进步提供了基础。

尽管目前没有官方的人工智能劳动力资源数据,但近期商界和学术界的大量报告表明,人工智能领域的专家储备数量已经有所提升。据报道,随着人才需求的持续升温,人工智能专家越来越供不应求;高科技公司在招聘具备人工智能专业知识的员工和学生方面投入了大量资源;高校和产业界为招募和留住人工智能人才开展了激烈竞争。

应开展更多研究,进一步了解当前和未来国家人工智能研发所需的劳动力。目前需要数据总结出人工智能研发劳动力的当前状况,包括学术界、政府和产业界的需求。研究应探索人工智能职场的供应和需求,以预测未来的劳动力资源需求。还需要了解未来人工智能劳动力的输送管道,考虑因素包括教育途径和潜在再培训机遇。应开展多样性方面的研究,因为研究表明,多样化信息技术劳动力能够带来更好的成果。只有更好地了解当前和未来人工智能研发劳动力需求后,才可以制定合理计划,采取适当行动,以应对现有和预计的劳动力挑战。

3. 建议

联邦政府可以为《计划》的七项战略优先事项提供支持,并通过支持以下建议实现其构想。

建议1:制定《人工智能研发实施框架》,以确定科学与技术机遇,有效协调人工智能研发投资,与《计划》战略1~6相呼应。

联邦机构应通过网络信息技术研发计划开展合作,开发一个研发实施框架,以推进协作,应对《计划》提出的研发挑战。这样做有助于各机构更方便地计划、协调和合作,为《计划》提供支持。实施框架应考虑各机构的研发重点,并以各机构的任务、能力、权力和预算为基础。根据实施框架,应建立投资计划,用于协调国家人工智能研究日程的执行。为协助实施该战略计划,网络信息技术研发计划应考虑成立跨机构人工智能工作组,协调现有工作组的工作。

建议2:研究建立和维持健全的人工智能研发劳动力的国家形势,与《计划》战略7相呼应。

健康和充满活力的人工智能研发劳动力对应对本报告所述的研发战略挑战非常重要。尽管有些报告提出目前人工智能研发人才短缺问题正在加剧,但目前还没有官方数据能够描述人工智能研发人才的现状、预期的人才培养渠道以及人工智能劳动力的供求关系。考虑到人工智能研发劳动力在《计划》所述战略重点中的重要性,需进一步了解获得和/或留住人工智能研发人才的方法。网络信息技术研发计划应研究当前和未来人工智能劳动力需求的最佳描述和定义方法,开展更多研究或提出更多建议,以确保研发劳动力数量能够满足国家人工智能需求。正如本报告研究结果所示,相关联邦组织应采取措施,建立并维持健全的国家级人工智能劳动力。

第3章 中　　国

习近平主席把创新摆在国家发展全局的核心位置,高度重视人工智能发展,多次就人工智能做出重要批示,指出人工智能技术的发展将深刻改变人类社会生活、改变世界,要求抓住机遇,在这一高技术领域抢占先机,加快部署和实施。表3-1为有关人工智能的一系列文件。

表 3-1　有关人工智能的系列文件

时间	文件	发布者	内容和意义
2015年7月	关于积极推进"互联网+"行动的指导意见	国务院	利用人工智能创造新的服务和应用,培育人工智能骨干企业
2016年3月	机器人产业发展计划	国家发改委、工信部、财政部	为推动机器人产业的发展制定具体目标;到2020年每年生产10万台工业机器人,使中国成为世界领先机器人制造商
2016年5月	互联网+与人工智能三年行动计划	国家发改委、科技部、工信部和网信办联合发布	发展基础人工智能生态系统,打造世界级人工智能企业
2017年3月	2017年政府工作报告	李克强总理	人工智能首次被写入了全国政府工作报告。报告指出要加快培育壮大包括人工智能在内的新兴产业
2017年7月	新一代人工智能发展规划	国务院	我国人工智能领域的首个纲领性文件
2017年10月	中国共产党第十九次全国代表大会报告	习近平主席	人工智能被首次写入党的纲领性报告,推动互联网、大数据、人工智能和实体经济深度融合
2017年12月	促进新一代人工智能产业发展三年行动计划	工信部	对国务院《新一代人工智能发展规划》相关任务进行了细化和落实,以三年为期限明确了多项任务的具体指标

续表

时间	文件	发布者	内容和意义
2019年8月	国家新一代人工智能开放创新平台建设工作指引	科技部	推进国家新一代人工智能开放创新平台建设,推动我国人工智能技术创新和产业发展

863计划的由来

863计划

1986年3月,王大珩、王淦昌、杨嘉墀、陈芳允四位老科学家联合向中共中央写了一封信,题为《关于跟踪世界战略性高科技发展的建议》,信中恳切地指出,面对世界新技术革命的挑战,中国应该不甘落后,要从现在抓起,用力所能及的资金和人力跟踪新技术的发展进程,而不能等到十年、十五年经济实力相当好时再说,否则就会贻误时机,以后永远翻不了身。这封信得到了邓小平同志的高度重视,小平同志亲自批示:"这个建议十分重要""找些专家和有关负责同志讨论,提出意见,以凭决策,此事宜速作决断,不可拖延。"在随后的半年中,经过广泛、全面和极为严格的科学和技术论证后,中共中央、国务院批准了《高技术研究发展计划(863计划)纲要》。从此,中国的高技术研究发展进入了一个新阶段。15年来,在党中央和国务院的正确领导下,在有关部门的大力支持下,经过广大科技人员的奋力攻关,863计划取得了重大进展,为我国高技术发展、经济建设和国家安全做出了重要贡献。863计划是在世界高技术蓬勃发展、国际竞争日趋激烈的关键时期，我国政府组织实施的一项对国家长远发展具有重要战略意义的国家高技术研究发展计划，在我国科技事业发展中占有极其重要的位置，肩负着发展高科技、实现产业化的重要历史使命。

2016年7月，徐匡迪等院士向中央研究提出"启动中国人工智能重大科技计划的建议"。这类似于1986年3月王大珩等老科学家向中央写信启动的863计划——影响我国数十年，至今仍然是推动我国科技发展的重要科技计划。随后，按党中央、国务院部署，在刘延东副总理的直接领导下，科技部、发展改革委、工程院会同相关单位在系统梳理、深入研究、广泛征求意见的基础上，研究起草《新一代人工智能发展规划》。

2016年8月，国务院发布《"十三五"国家科技创新规划》，明确人工智能作为发展新一代信息技术的主要方向。

2016年11月，国务院印发并实施的《"十三五"国家战略性新兴产业发展规划(2016—2020年)》将人工智能发展列为中央政府69项重大任务中的第6项。

2016年12月，中国工程院原常务副院长潘云鹤院士在中国工程院院刊发表题为"走向人工智能2.0"的文章，提出了人工智能2.0：基于重大变化的信息新环境和发展新目标的新一代人工智能。其中，信息新环境是指互联网与移动终端的普及、传感网的渗透、大数据的涌现和网上社区的兴起等；新目标是指智能城市、智能经济、智能制造、智能医疗、智能家居、智能驾驶等从宏观到微观的智能化新需求。可望升级的新技术有大数据智能、跨媒体智能、自主智能、人机混合增强智能和群体智能等。人工智能2.0的概念实际就是新一代人工智能，二者表述不一样但内涵一致。

2017年2月，"人工智能2.0"计划被列为"科技创新2030重大项目"的新增项目，这意味着"人工智能2.0"计划获得大力支持，成为对我国科技创新具有重要意义的第十六项技术。

"科技创新2030重大项目"的由来

2014年8月，习近平总书记在中央财经领导小组第七次会议上作出重要指示，要以2030年为时间节点，选择一批体现国家战略意图的重大科技项目和重大工程，集中力量组织实施。此后，科技部会同相关部门结合国家发展的战略需求，在深入广泛调研和充分论证的基础上，提出15项重大科技项目和重大工程，包括航空发动机及燃气轮机、国家网络安全空间、深空探测及空间飞行器在轨服务与维护系统、煤炭清洁高效利用、智能电网、天地一体化信息网络、大数据、智能制造和机器人、重点新材料研发及应用等。

2016年4月，中央政治局常委会审议批准15项重大项目的立项；2016年8月，这15项面向2030年、体现国家战略意图的重大科技项目和工程被列入国务院印发的《"十三五"国家科技创新规划》中。

2017年7月，经过中央政治局常委会、国务院常务会议审议通过，国务院印发《新一代人工智能发展规划》。这是我国在人工智能领域的首个纲领性文件，重点对2030年我国新人工智能发展的总体思路、战略目标和主要任务、保障措施进行系统的规划和部署。

2017年11月，科技部召开新一代人工智能发展规划暨重大科技项目启动会，宣布成立新一代人工智能发展规划推进办公室，并公布首批国家新一代人工智能开放创新平台名单，标志着新一代人工智能发展规划和重大科技项目进入全面启动实施阶段。新一代人工智能发展规划推进办公室由科技部、发改委、工信部、中科院、工程院、军委科技委、中国科协等15个部门构成，负责推进新一代人工智能发展规划和重大科技项目的组织实施。新一代人工智能战略咨询委员会也同时宣布成立，战略咨询委员会由潘云鹤院士任组长。首批国家新一代人工智能开放创新平台名单同日公布：依托百度公司建设自动驾驶国家新一代人工智能开放创新平台；依托阿里云公司建设城市大脑国家新一代人工智能开放创新平台；依托腾讯公司建设医疗影像国家新一代人工智能开放创新平台；依托科大讯飞公司建设智能语音国家新一代人工智能开放创新平台。

2017年12月，工业和信息化部发布了《促进新一代人工智能产业发展三年行动计划(2018—2020年)》，以信息技术与制造技术深度融合为主线，以新一代人工智能技术的产业化和集成应用为重点，推进人工智能和制造业深度融合,加快制造强国和网络强国建设,力争到 2020 年实现"人工智能重点产品规模化发展、人工智能整体核心基础能力显著增强、智能制造深化发展、人工智能产业支撑体系基本建立"的目标。

2019 年 3 月,科技部成立新一代人工智能治理专业委员会新一代人工智能治理专业委员会,成员由来自高校、科研院所和企业的相关专家组成,清华大学薛澜教授担任主任。该委员会于 6 月发布《新一代人工智能治理原则》,突出了发展"负责任的人工智能"这一主题,强调了和谐友好、公平公正、包容共享、尊重隐私、安全可控、共担责任、开放协作、敏捷治理 8 条原则。该原则旨在促进新一代人工智能健康发展,加强人工智能法律、伦理、社会问题研究,积极推动人工智能全球治理。

纵览世界各国,中美率先发布人工智能战略,处于第一梯度,而且两国人工智能产业近乎占据了全世界的一半以上。因此,要分析我国人工智能在世界上的位置,最直接的就是与美国进行对比,且目前中美正处于贸易战的大背景,两国人工智能领域难免深度较量。

1. 我国政策稳健推进

我国已对人工智能发展作出全面战略规划部署,目前已经形成了政府主导,科技部、国家发改委、中央网信办、工信部、中国工程院等多部门参与的人工智能联合推进机制。

2016 年 3 月,人工智能被写入"十三五"规划纲要。5 月 18 日,国家发改委、科技部、工信部、中央网信办联合发布《"互联网 +"人工智能三年行动实施方案》,全方位明确了人工智能在 2015—2018 年的发展方案和促进计划。7 月 28 日,国务院发布《"十三五"国家科技创新规划》,明确人工智能作为发展新一代信息技术的主要方向。11 月 29 日,国务院印发《"十三五"国家战略性新兴产业发展规划》,提出"培育人工智能产业生态,促进人工智能在经济社会重点领域推广应用,打造国际领先的技术体系",并写入重点任务分工方案。

2017 年 3 月,科技部"科技创新 2030——重大项目"新增"人工智能 2.0",人工智能进一步上升为国家战略。7 月 8 日,国务院颁布《新一代人工智能发展规划》,这是所有国家人工智能战略中较为全面的,包含了研发、工业化、人才发展、教育和职业培训、标准制定和法规、道德规范与安全等各个方面的战略,目标是到 2030 年使中国人工智能理论、技术与应用总体达到世界领先水平,成为世界主要人工智能创新中心。12月13日,工信部印发《促进新一代人工智能产业发展三年行动计划(2018—2020年)》,将国务院《新一代人工智能发展规划》中2020年的各项发展目标进一步明确为各项技术指标,为我国人工智能产业发展预测提供了有力依据。

依据科技部新一代人工智能发展研究中心2019年6月发布的《中国新一代人工智能发展报告2019》,截至2019年5月,我国已有19个省(直辖市、自治区)发布了26项人工智能专项政策,并提出了各自的发展定位与目标。

总的来看,我国从政府、各部委再到各行业的人工智能战略、规划计划全方位覆盖了农业、金融、制造、交通、医疗、商务、教育、环境等各领域的发展,既关注基础理论和关键技术,又注重应用推进,为人工智能的发展提供了全面细致的指引。

美国政府对人工智能的态度则出现了一些反复,两任美国总统对待人工智能的态度可谓大相径庭,奥巴马积极,特朗普慢热。奥巴马十分重视人工智能相关领域的科技发展、市场应用与前沿政策问题。2016年5月,白宫成立人工智能和机器学习委员会,协调美国各界在人工智能领域的行动,探讨制定人工智能相关政策和法律。10月,奥巴马在与匹兹堡大学和卡耐基梅隆大学联合举办的白宫前沿会议上就人工智能的未来发表公开演说,阐述其对未来人工智能研究的愿景。同一阶段,白宫科技政策办公室、国家科学技术委员会发布《为人工智能的未来做准备》以及《国家人工智能研究与发展战略计划》两份重要文件。前者探讨了人工智能的发展现状、应用领域以及潜在的公共政策问题;后者提出了美国优先发展的人工智能七大战略方向及两方面建议。12月,白宫发布《人工智能、自动化与经济》报告,深入分析了人工智能驱动的自动化给经济带来的影响,并给出了相应的政策建议。

特朗普上任初期,美国政府对人工智能反应较为冷淡,但情况正在逐渐改变。目前,美国政府对奥巴马时期的人工智能发展战略进行了一些转变与升华,开始寻求一种截然不同的、自由市场导向的人工智能战略。2018年5月,白宫举办人工智能峰会,邀请业界、学术界和政府代表参与,并成立了人工智能特别委员会,以改善联邦政府在人工智能领域的投入,努力消除创新与监管障碍,提高人工智能创新自由度与灵活性。特朗普政府特别强调了人工智能在国防安全领域的影响。2019年2月,特朗普签署行政令,启动《美国人工智能倡议》,将从国家战略层面调动更多联邦资金和资源用于人工智能研发,以应对战略竞争对手的挑战,确保美国在人工智能领域的领先地位。总体而言,美国前两任总统在人工智能领域的发力点有所不同,但是顺应和利用人工智能全面发展的大趋势,重点布局互联网、芯片与操作系统等计算机软硬件、金融领域、军事以及能源等领域,目的是为保持其全球的技术领先优势。但特朗普政府与高科技企业关系一向不是很融洽,且政府内部两党也相互掣肘,无法有效执行总统指令。相比于我国,美国的人工智能发展更多的是产业界的自发行为。

2. 我国人工智能人才不足

中国人工智能产业在人才竞争上略逊于美国。人工智能领域的竞争主要表现在人才的竞争,这不仅包括从事人工智能领域行业人才的竞争,还包括基础研究人才的竞争。目前,美国人工智能产业从业人员总量是中国的两倍,依托高校作为支撑,还有大量的专业人才可以持续跟进,对中国形成了强大的压力。

在基础研究领域,美国人工智能基础研究人才数量是中国的13.8倍。世界人工智能排名前20的大学中,美国有16所,中国为0。国内只有不到30所高校拥有专注于人工智能的研究室,其中仅清华大学、中国科技大学等少数高校在国际上具备一定竞争实力。目前,虽然中国人工智能领域的论文数量已经超越了美国,但是影响力还有待提升。

在人才储备方面,美国的人才数量约为中国的2倍,且研究领域的分布更为均衡。2017年,中国有3.92万人研究人工智能,占全球人工智能人才的13.1%;相比之下,美国有7.87万人工智能人才,占全球人工智能人才的26.2%。美国人工智能人才培养体系历史悠久,拥有数学、统计、机器学习、数据挖掘和机器人等多个细分领域。相对而言,我国人工智能教育培训起步较晚,目前,我国30多所高校成立了人工智能学院,75所高校自主设置了89个人工智能相关的二级学科或交叉学科。人工智能进入高中课堂,第一本高中教材《人工智能基础(高中版)》出版。人工智能企业通过与研究型大学共建联合实验室、研究院、研究中心等方式加速人工智能高水平人才的培养,多层次人工智能人才培养体系逐步形成。

3. 我国论文多但质量不高

中国和美国的人工智能技术发展竞争较为激烈,主要表现在学术实力、数据占有和基础硬件等方面。大型企业和新型创业公司等参与主体也通过招募高端科研人员、组建实验室等方式加快关键技术的研发。中美两国都十分重视完善智能技术的布局,搭建各自的底层技术平台,培养各自的生态体系。

依据科技部新一代人工智能发展研究中心2019年6月发布的《中国新一代人工智能发展报告2019》,2013—2018年,全球人工智能领域的论文产出共30.5万篇,其中,中国发表7.4万篇,美国发表5.2万篇,中国人工智能论文数量在世界各国中遥遥领先,但论文数量多并不意味着质量高。

人工智能学术科研能力的高低可通过算法、论文、人才等指标进行衡量。美国在学术实力方面的综合积累较中国更为深厚。牛津大学发布的"国家人工智能潜力指数"(AIPI)从硬件、数据、算法和商业四个方面对不同国家人工智能综合实力进行评估。其中,算法与研究指数包括人工智能人才数量和在美国人工智能协会(AAAI)上发表的论文数量。作为基础研究成果的精华,高质量的论文代表了国家在基础科研领域的实力,顶尖论文往往能改变甚至开创一个新的研究领域。例如:图灵在《论数字计算在决断难题中的应用》中首次提出"图灵机"的设想,并由此奠定了现代计算机的理论基础;香农《通信的数学原理》直接创建了"信息论",并成为现代通信技术的基石。

中国学者有关算法研究的发表数量低于美国,个别领域有突破态势,但引用率较美国存在差距。2015年,中国学者在AAAI上发表的论文数量为138项,占全球的20.5%;美国学者发表的论文数量为326项,占全球的48.4%。中国在算法与研究指数上的得分是$(13.1+20.5)/2=16.8$;美国的得分是$(26.2+48.4)/2=37.3$。卡耐基梅隆大学计算机科学学院院长安德鲁·摩尔认为,提交给大型人工智能会议的论文,50%都来自于中国,而在10年前这个数据仅是5%。就科学与工程领域发表现状而言,2016年排名先后依次是欧盟(61.4万篇)、中国(42.6万篇)、美国(40.9万篇)、印度(11万篇)、日本(9.7万篇),中国首次在数量上超过美国。然而,该领域发表的引用率位于前1%的高质量论文中,美国相对比例指数为1.9、欧盟为1.28、中国为1.01,中国近几年高引用率论文的比例有所提升,但与美国的差距仍然不小。

4. 我国人工智能数据领先

基于庞大的人口基数和移动互联网的发展,中国的数据占有量远超出美国,但数据开放性和易用度较弱。数据是深度学习在学习阶段汲取知识经验的重要来源,互联网时代大量的搜索记录、社交数据、交易数据等蕴含了大量的信息,将这些信息结构化存储起来,可以成为机器更好地服务人类和解决问题的宝贵资源。互联网公司、运营商、行业信息技术系统用户由于扼守了数据的源头,是人工智能的重要玩家。数据积累量大、方便获取、有海量数据分析处理需求的行业是人工智能极具发展潜力的行业。

我国拥有全球最多的互联网用户、最活跃的数据生产主体,在数据总量上比较有优势。根据牛津大学 AIPI 数据指数统计,2016 年中国拥有全球数据的 20%,美国占 5.5%。中国数据指数为 20,美国数据指数为 5.5。中国的数据量之所以丰富,除人口众多、移动互联网发展迅速以外,隐私保护相对宽松也是一大因素。但值得关注的是,因为谷歌、Facebook 等缺席中国市场,中国互联网的数据生态环境较为封闭,相应的管理数据和创造数据的整体能力还不够高。在人工智能领域,仅局限于本土数据的交互流动,未来对世界的影响和辐射范围是比较有限的。

5. 我国智能硬件严重不足

在硬件发展方面,美国的半导体生产和芯片企业发展情况远远优于中国。基础芯片已经成为美国人工智能最核心的产业布局,是技术要求和附加值相对最高的环节,其产业价值和战略地位远远大于应用层创新,具有较高的进入门槛,投资回报周期也相对较长。过往十几年中,英特尔、IBM、摩托罗拉、飞利浦、东芝、三星等 60 多家公司曾试图进军人工智能芯片,投入大量人力物力,都未能取得成功,最终脱颖而出的只有 Xilinx 与 Altera 两家硅谷公司,Altera 被英特尔收购,FPGA 专利达到 9000 余项,构筑了极强的知识产权壁垒。

AIPI 的硬件指数包括"半导体生产的国际市场份额"(2015)及"FPGA 芯片生产商的融资情况"(2017)。在半导体方面,中国占全球份额的 4%,美国占 50%;在芯片生产方面,中国 2017 年获得的投资是 3440 万美元,占全球 FPGA 厂商融资额的 7.6%;美国是 1.925 亿美元,占全球份额的 42.4%。中国的硬件指数为 $(4+7.6)/2=5.8$,美国为 $(50+42.4)/2=46.2$,是中国的近 8 倍,中国硬件水平远不及美国,这个问题已成为国内人工智能发展的瓶颈。据统计,美国目前有 33 家芯片厂商,中国有 12 家。美国芯片企业既包括谷歌、英特尔、IBM 等科技巨头,也包括高通、英伟达、AMD、赛灵思等各自领域有绝对优势的大公司,其余还存在一些发展良好的中等规模公司和活跃的初创企业。中国芯片厂商主要以中小型公司为主,实力不强。

6. 我国技术平台发展良好

目前，美国是全球人工智能算法研究的领头羊，但中美在云服务技术上的差距日渐缩小，应用平台也各有千秋。在算法平台层面，谷歌、Facebook、微软均已推出深度学习算法的开源平台，而国内有百度研发的 paddle 开放平台。但中国学者的算法公式推演能力较美国学者还有差距。在云平台层面，作为云计算的"先行者"，美国企业占据市场主导地位，中国阿里、腾讯、华为等科技企业也都推出了领先的云服务平台，Docker 技术在中国云计算领域逐步从实验阶段走向应用阶段。在云服务的基础技术上，中国和美国差距已不大，信息技术服务环境、用户认知等方面的距离有望在较短时间内缩小，甚至实现赶超。

在应用平台层面，中美两国的互联网企业都很重视开展基于人工智能技术的垂直应用平台的研发和推广。在语音平台上，美国有谷歌公司的 Google assistant、亚马逊公司的 Alexa、IBM 公司的 Watson、微软公司的 Cortana、Facebook 的 Deeptext 等领先企业的语音平台。中国发展劲头也不示弱，百度的百度大脑、科大讯飞语音开放平台等争先恐后。尽管中国在智能开放平台的繁衍数量上不及美国，但从整体布局来看，两国基本呈现并驾齐驱之势。

中国和美国智能产业的实力竞争更多体现在巨头卡位战。因为大型企业掌握核心技术和资源，能够有效投入周期长且营收难的人工智能项目，其产业布局和资源调配能力是创业公司无法比拟的。目前，苹果、谷歌、微软、亚马逊、Facebook 等美国巨头企业为抢占智能产业的市场份额而投入更多的资源，有些甚至整体转型为人工智能驱动型的公司。国内互联网领军企业百度、阿里、腾讯也将人工智能技术作为发展重点，凭借自身在计算机行业的先发优势，积极布局这一热点领域。总体来看，美国巨头企业致力于人工智能全产业链的布局，在技术层、基础层和应用层均占据战略要点，而中国企业则在应用层展示出了强劲的发展意愿。

7. 我国高质量企业不足

根据普华永道的研究预测，人工智能在 2030 年将带来 15.7 万亿美元的经济增长，包括生产力的提高（6.6 万亿美元）和应用市场（9.1 万亿美元）。人工智能美好的发展前景使其成为各国自上而下的布局重点，也成为中美两国新的技术赛场。美国坐拥卓越的技术研发机构、理论学科以及各类实验室,加上资本、政策利好,人工智能产业发展前景较为乐观。

美国人工智能企业数量高于中国,尤其是处理器/芯片等基础层,创业公司集中最多的是侧重于自然语言处理和计算机视觉与图像。基于全球信息通信技术企业监测平台,截至2018年4月,全球人工智能企业数量为4633家。其中,美国1951家,占42%;中国848家,占18%;其余1834家企业分布在其他国家。2015年,全球新增人工智能企业数量最多,2016年后开始放缓。在基础层,中国企业数为14家,美国为33家;在技术层,中国企业数为273家,美国为586家;在应用层,中国为304家,美国为488家。在新一轮人工智能技术的应用中,自动驾驶、智能医疗、智能安防、服务型机器人、智能交通、智能制造、智能娱乐等应用成为全球人工智能市场的热点。

在产业应用方面,人工智能技术平台、行业环境、用户市场等因素都对人工智能的产业化发展有很大的影响。美国人工智能创业公司排名前三的领域分别为自然语言处理、机器学习应用、计算机视觉与图像,中国则是计算机视觉与图像、智能机器人、自然语言处理。凭借场景和数据优势,中国在计算机视觉、语音识别等领域,具备了与美国一较高下的实力。

8. 我国产业投融资不够

从时间节点上看,中国人工智能融资起步时间落后于美国。在资本重心上,美国投资者侧重芯片或处理器等基础层,中国投资者相对注重应用层的发展,在计算机视觉、自然语言处理、智能机器人和语音识别方面可以与美国抗衡。中国投资者事实上已关注到基础层的重要性,然而客观上基础层的公司较少,投资门槛较高,因此相关企业数量仍与美国有很大差距。另据报道,特朗普及其幕僚们已经将人工智能上升至国家安全战略层面,拟立法限制中国对美国人工智能技术的投资,这将对我人工智能产业发展造成很大困扰。

3.1 新一代人工智能发展规划

2017年7月,中国国务院正式印发《新一代人工智能发展规划》(以下简称《规划》),全面阐述了我国人工智能发展的战略目标和整体方向,旨在加速推动人工智能发展,尽快跻身世界前列,引领人工智能发展前沿。

《规划》描绘了未来十几年我国人工智能发展的宏伟蓝图,确立了"三步走"目标。

第一步:到2020年,中国人工智能总体技术和应用与世界先进水平同步,核心人工智能产业总产值将超过1500亿元人民币,人工智能相关产业总产值将超过1万亿元人民币。

第二步:到2025年,中国人工智能基础理论实现重大突破、技术与应用部分达到世界领先水平,人工智能核心产业总产值超过4000亿元人民币,人工智能相关产业总产值超过5万亿元人民币。

第三步:到2030年,中国人工智能理论、技术与应用总体达到世界领先水平,成为世界主要人工智能创新中心,核心人工智能产业总产值超过1万亿元人民币,人工智能相关产业总产值超过10万亿元人民币。

《规划》提出,以提升新一代人工智能科技创新能力为主攻方向,以加快人工智能与经济社会国防深度融合为主线,按照"构建一个体系、把握双重属性、坚持三位一体、强化四大支撑"进行总体布局,确定了建立开放协同的人工智能科技创新体系、培育高端高效的智能经济、建设安全便捷的智能社会、强化人工智能对国家安全的支撑、构建泛在安全高效的智能化基础设施体系、实施新一代人工智能重大科技项目等六方面的重点任务。

《规划》对核心技术布局设计了新一代人工智能科技重大项目。重大项目主要瞄准人工智能技术前沿,结合国家重大需求进行设计。如大数据智能、跨媒体混合智能、群体智能、自主智能系统,这恰恰是新一代人工智能技术发展的重要方向。这些重大项目就是沿着这几个重点发展方向,从基础理论到前沿技术,从关键共性技术到技术支撑平台,以及未来可能的应用场景和应用领域进行了系统部署。

《新一代人工智能发展规划》

人工智能的迅速发展将深刻改变人类社会生活、改变世界。为抢抓人工智能发展的重大战略机遇,构筑我国人工智能发展的先发优势,加快建设创新型国家和世界科技强国,按照党中央、国务院部署要求,制定本规划。

一、战略态势

人工智能发展进入新阶段。经过 60 多年的演进，特别是在移动互联网、大数据、超级计算、传感网、脑科学等新理论新技术以及经济社会发展强烈需求的共同驱动下，人工智能加速发展，呈现出深度学习、跨界融合、人机协同、群智开放、自主操控等新特征。大数据驱动知识学习、跨媒体协同处理、人机协同增强智能、群体集成智能、自主智能系统成为人工智能的发展重点，受脑科学研究成果启发的类脑智能蓄势待发，芯片化硬件化平台化趋势更加明显，人工智能发展进入新阶段。当前，新一代人工智能相关学科发展、理论建模、技术创新、软硬件升级等整体推进，正在引发链式突破，推动经济社会各领域从数字化、网络化向智能化加速跃升。

人工智能成为国际竞争的新焦点。人工智能是引领未来的战略性技术，世界主要发达国家把发展人工智能作为提升国家竞争力、维护国家安全的重大战略，加紧出台规划和政策，围绕核心技术、顶尖人才、标准规范等强化部署，力图在新一轮国际科技竞争中掌握主导权。当前，我国国家安全和国际竞争形势更加复杂，必须放眼全球，把人工智能发展放在国家战略层面系统布局、主动谋划，牢牢把握人工智能发展新阶段国际竞争的战略主动，打造竞争新优势、开拓发展新空间，有效保障国家安全。

人工智能成为经济发展的新引擎。人工智能作为新一轮产业变革的核心驱动力，将进一步释放历次科技革命和产业变革积蓄的巨大能量，并创造新的强大引擎，重构生产、分配、交换、消费等经济活动各环节，形成从宏观到微观各领域的智能化新需求，催生新技术、新产品、新产业、新业态、新模式，引发经济结构重大变革，深刻改变人类生产生活方式和思维模式，实现社会生产力的整体跃升。我国经济发展进入新常态，深化供给侧结构性改革任务非常艰巨，必须加快人工智能深度应用，培育壮大人工智能产业，为我国经济发展注入新动能。

人工智能带来社会建设的新机遇。我国正处于全面建成小康社会的决胜阶段，人口老龄化、资源环境约束等挑战依然严峻，人工智能在教育、医疗、养老、环境保护、城市运行、司法服务等领域广泛应用，将极大提高公共服务精准化水平，全面提升人民生活品质。人工智能技术可准确感知、预测、预警基础设施和社会安全运行的重大态势，及时把握群体认知及心理变化，主动决策反应，将显著提高社会治理的能力和水平,对有效维护社会稳定具有不可替代的作用。

人工智能发展的不确定性带来新挑战。人工智能是影响面广的颠覆性技术,可能带来改变就业结构、冲击法律与社会伦理、侵犯个人隐私、挑战国际关系准则等问题,将对政府管理、经济安全和社会稳定乃至全球治理产生深远影响。在大力发展人工智能的同时,必须高度重视可能带来的安全风险挑战,加强前瞻预防与约束引导,最大限度降低风险,确保人工智能安全、可靠、可控发展。

我国发展人工智能具有良好基础。国家部署了智能制造等国家重点研发计划重点专项,印发实施了"互联网+"人工智能三年行动实施方案,从科技研发、应用推广和产业发展等方面提出了一系列措施。经过多年的持续积累,我国在人工智能领域取得重要进展,国际科技论文发表量和发明专利授权量已居世界第二,部分领域核心关键技术实现重要突破。语音识别、视觉识别技术世界领先,自适应自主学习、直觉感知、综合推理、混合智能和群体智能等初步具备跨越发展的能力,中文信息处理、智能监控、生物特征识别、工业机器人、服务机器人、无人驾驶逐步进入实际应用,人工智能创新创业日益活跃,一批龙头骨干企业加速成长,在国际上获得广泛关注和认可。加速积累的技术能力与海量的数据资源、巨大的应用需求、开放的市场环境有机结合,形成了我国人工智能发展的独特优势。

同时,也要清醒地看到,我国人工智能整体发展水平与发达国家相比仍存在差距,缺少重大原创成果,在基础理论、核心算法以及关键设备、高端芯片、重大产品与系统、基础材料、元器件、软件与接口等方面差距较大;科研机构和企业尚未形成具有国际影响力的生态圈和产业链,缺乏系统的超前研发布局;人工智能尖端人才远远不能满足需求;适应人工智能发展的基础设施、政策法规、标准体系亟待完善。

面对新形势新需求,必须主动求变应变,牢牢把握人工智能发展的重大历史机遇,紧扣发展、研判大势、主动谋划、把握方向、抢占先机,引领世界人工智能发展新潮流,服务经济社会发展和支撑国家安全,带动国家竞争力整体跃升和跨越式发展。

二、总体要求

(一)指导思想

全面贯彻党的十八大和十八届三中、四中、五中、六中全会精神,深入学习贯彻习近平总书记系列重要讲话精神和治国理政新理念新思想新战略,按照"五位一体"总体布局和"四个全面"战略布局,认真落实党中央、国务院决策部署,深入实施创新驱动发展战略,以加快人工智能与经济、社会、国防深度融合为主线,以提升新一代人工智能科技创新能力为主攻方向,发展智能经济,建设智能社会,维护国家安全,构筑知识群、技术群、产业群互动融合和人才、制度、文化相互支撑的生态系统,前瞻应对风险挑战,推动以人类可持续发展为中心的智能化,全面提升社会生产力、综合国力和国家竞争力,为加快建设创新型国家和世界科技强国、实现"两个一百年"奋斗目标和中华民族伟大复兴中国梦提供强大支撑。

(二)基本原则

科技引领。把握世界人工智能发展趋势,突出研发部署前瞻性,在重点前沿领域探索布局、长期支持,力争在理论、方法、工具、系统等方面取得变革性、颠覆性突破,全面增强人工智能原始创新能力,加速构筑先发优势,实现高端引领发展。

系统布局。根据基础研究、技术研发、产业发展和行业应用的不同特点,制定有针对性的系统发展策略。充分发挥社会主义制度集中力量办大事的优势,推进项目、基地、人才统筹布局,已部署的重大项目与新任务有机衔接,当前急需与长远发展梯次接续,创新能力建设、体制机制改革和政策环境营造协同发力。

市场主导。遵循市场规律,坚持应用导向,突出企业在技术路线选择和行业产品标准制定中的主体作用,加快人工智能科技成果商业化应用,形成竞争优势。把握好政府和市场分工,更好发挥政府在规划引导、政策支持、安全防范、市场监管、环境营造、伦理法规制定等方面的重要作用。

开源开放。倡导开源共享理念,促进产学研用各创新主体共创共享。遵循经济建设和国防建设协调发展规律,促进军民科技成果双向转化应用、军民创新资源共建共享,形成全要素、多领域、高效益的军民深度融合发展新格局。积极参与人工智能全球研发和治理,在全球范围内优化配置创新资源。

第3章 中国

(三) 战略目标

分三步走:

第一步,到2020年人工智能总体技术和应用与世界先进水平同步,人工智能产业成为新的重要经济增长点,人工智能技术应用成为改善民生的新途径,有力支撑进入创新型国家行列和实现全面建成小康社会的奋斗目标。

——新一代人工智能理论和技术取得重要进展。大数据智能、跨媒体智能、群体智能、混合增强智能、自主智能系统等基础理论和核心技术实现重要进展,人工智能模型方法、核心器件、高端设备和基础软件等方面取得标志性成果。

——人工智能产业竞争力进入国际第一方阵。初步建成人工智能技术标准、服务体系和产业生态链,培育若干全球领先的人工智能骨干企业,人工智能核心产业规模超过1500亿元,带动相关产业规模超过1万亿元。

——人工智能发展环境进一步优化,在重点领域全面展开创新应用,聚集起一批高水平的人才队伍和创新团队,部分领域的人工智能伦理规范和政策法规初步建立。

第二步,到2025年人工智能基础理论实现重大突破,部分技术与应用达到世界领先水平,人工智能成为带动我国产业升级和经济转型的主要动力,智能社会建设取得积极进展。

——新一代人工智能理论与技术体系初步建立,具有自主学习能力的人工智能取得突破,在多领域取得引领性研究成果。

——人工智能产业进入全球价值链高端。新一代人工智能在智能制造、智能医疗、智慧城市、智能农业、国防建设等领域得到广泛应用,人工智能核心产业规模超过4000亿元,带动相关产业规模超过5万亿元。

——初步建立人工智能法律法规、伦理规范和政策体系,形成人工智能安全评估和管控能力。

第三步,到2030年人工智能理论、技术与应用总体达到世界领先水平,成为世界主要人工智能创新中心,智能经济、智能社会取得明显成效,为跻身创新型国家前列和经济强国奠定重要基础。

——形成较为成熟的新一代人工智能理论与技术体系。在类脑智能、自主智能、混合智能和群体智能等领域取得重大突破,在国际人工智能研究领域具有重要影响,占据人工智能科技制高点。

——人工智能产业竞争力达到国际领先水平。人工智能在生产生活、社会治理、国防建设各方面应用的广度深度极大拓展,形成涵盖核心技术、关键系统、支撑平台和智能应用的完备产业链和高端产业群,人工智能核心产业规模超过1万亿元,带动相关产业规模超过10万亿元。

——形成一批全球领先的人工智能科技创新和人才培养基地,建成更加完善的人工智能法律法规、伦理规范和政策体系。

(四)总体部署

发展人工智能是一项事关全局的复杂系统工程,要按照"构建一个体系、把握双重属性、坚持三位一体、强化四大支撑"进行布局,形成人工智能健康持续发展的战略路径。

构建开放协同的人工智能科技创新体系。针对原创性理论基础薄弱、重大产品和系统缺失等重点难点问题,建立新一代人工智能基础理论和关键共性技术体系,布局建设重大科技创新基地,壮大人工智能高端人才队伍,促进创新主体协同互动,形成人工智能持续创新能力。

把握人工智能技术属性和社会属性高度融合的特征。既要加大人工智能研发和应用力度,最大程度发挥人工智能潜力;又要预判人工智能的挑战,协调产业政策、创新政策与社会政策,实现激励发展与合理规制的协调,最大限度防范风险。

坚持人工智能研发攻关、产品应用和产业培育"三位一体"推进。适应人工智能发展特点和趋势,强化创新链和产业链深度融合、技术供给和市场需求互动演进,以技术突破推动领域应用和产业升级,以应用示范推动技术和系统优化。在当前大规模推动技术应用和产业发展的同时,加强面向中长期的研发布局和攻关,实现滚动发展和持续提升,确保理论上走在前面、技术上占领制高点、应用上安全可控。

全面支撑科技、经济、社会发展和国家安全。以人工智能技术突破带动国家创新能力全面提升,引领建设世界科技强国进程;通过壮大智能产业、培育智能经济,为我国未来十几年乃至几十年经济繁荣创造一个新的增长周期;以建设智能社会促进民生福祉改善,落实以人民为中心的发展思想;以人工智能提升国防实力,保障和维护国家安全。

三、重点任务

立足国家发展全局,准确把握全球人工智能发展态势,找准突破口和主攻方向,全面增强科技创新基础能力,全面拓展重点领域应用深度广度,全面提升经济社会发展和国防应用智能化水平。

(一)构建开放协同的人工智能科技创新体系

围绕增加人工智能创新的源头供给,从前沿基础理论、关键共性技术、基础平台、人才队伍等方面强化部署,促进开源共享,系统提升持续创新能力,确保我国人工智能科技水平跻身世界前列,为世界人工智能发展作出更多贡献。

1. 建立新一代人工智能基础理论体系

聚焦人工智能重大科学前沿问题,兼顾当前需求与长远发展,以突破人工智能应用基础理论瓶颈为重点,超前布局可能引发人工智能范式变革的基础研究,促进学科交叉融合,为人工智能持续发展与深度应用提供强大科学储备。

突破应用基础理论瓶颈。瞄准应用目标明确、有望引领人工智能技术升级的基础理论方向,加强大数据智能、跨媒体感知计算、人机混合智能、群体智能、自主协同与决策等基础理论研究。大数据智能理论重点突破无监督学习、综合深度推理等难点问题,建立数据驱动、以自然语言理解为核心的认知计算模型,形成从大数据到知识、从知识到决策的能力。跨媒体感知计算理论重点突破低成本低能耗智能感知、复杂场景主动感知、自然环境听觉与言语感知、多媒体自主学习等理论方法,实现超人感知和高动态、高维度、多模式分布式大场景感知。混合增强智能理论重点突破人机协同共融的情境理解与决策学习、直觉推理与因果模型、记忆与知识演化等理论,实现学习与思考接近或超过人类智能水平的混合增强智能。群体智能理论重点突破群体智能的组织、涌现、学习的理论与方法,建立可表达、可计算的群智激励算法和模型,形成基于互联网的群体智能理论体系。自主协同控制与优化决策理论重点突破面向自主无人系统的协同感知与交互、自主协同控制与优化决策、知识驱动的人机物三元协同与互操作等理论,形成自主智能无人系统创新性理论体系架构。

布局前沿基础理论研究。针对可能引发人工智能范式变革的方向,前瞻布局高级机器学习、类脑智能计算、量子智能计算等跨领域基础理论研究。高级机器学习理论重点突破自适应学习、自主学习等理论方法,实现具备高可解释性、强泛化能力的人工智能。类脑智能计算理论重点突破类脑的信息编码、处理、记忆、学习与推理理论,形成类脑复杂系统及类脑控制等理论与方法,建立大规模类脑智能计算的新模型和脑启发的认知计算模型。量子智能计算理论重点突破量子加速的机器学习方法,建立高性能计算与量子算法混合模型,形成高效精确自主的量子人工智能系统架构。

开展跨学科探索性研究。推动人工智能与神经科学、认知科学、量子科学、心理学、数学、经济学、社会学等相关基础学科的交叉融合,加强引领人工智能算法、模型发展的数学基础理论研究,重视人工智能法律伦理的基础理论问题研究,支持原创性强、非共识的探索性研究,鼓励科学家自由探索,勇于攻克人工智能前沿科学难题,提出更多原创理论,作出更多原创发现。

专栏1:基础理论

(1)大数据智能理论。研究数据驱动与知识引导相结合的人工智能新方法、以自然语言理解和图像图形为核心的认知计算理论和方法、综合深度推理与创意人工智能理论与方法、非完全信息下智能决策基础理论与框架、数据驱动的通用人工智能数学模型与理论等。

(2)跨媒体感知计算理论。研究超越人类视觉能力的感知获取、面向真实世界的主动视觉感知及计算、自然声学场景的听知觉感知及计算、自然交互环境的言语感知及计算、面向异步序列的类人感知及计算、面向媒体智能感知的自主学习、城市全维度智能感知推理引擎。

(3)混合增强智能理论。研究"人在回路"的混合增强智能、人机智能共生的行为增强与脑机协同、机器直觉推理与因果模型、联想记忆模型与知识演化方法、复杂数据和任务的混合增强智能学习方法、云机器人协同计算方法、真实世界环境下的情境理解及人机群组协同。

(4)群体智能理论。研究群体智能结构理论与组织方法、群体智能激励机制与涌现机理、群体智能学习理论与方法、群体智能通用计算范式与模型。

(5)自主协同控制与优化决策理论。研究面向自主无人系统的协同感知与交互,面向自主无人系统的协同控制与优化决策,知识驱动的人机物三元协同与互操作等理论。

(6)高级机器学习理论。研究统计学习基础理论、不确定性推理与决策、分布式学习与交互、隐私保护学习、小样本学习、深度强化学习、无监督学习、半监督学习、主动学习等学习理论和高效模型。

(7)类脑智能计算理论。研究类脑感知、类脑学习、类脑记忆机制与计算融合、类脑复杂系统、类脑控制等理论与方法。

(8)量子智能计算理论。探索脑认知的量子模式与内在机制,研究高效的量子智能模型和算法、高性能高比特的量子人工智能处理器、可与外界环境交互信息的实时量子人工智能系统等。

2. 建立新一代人工智能关键共性技术体系

围绕提升我国人工智能国际竞争力的迫切需求,新一代人工智能关键共性技术的研发部署要以算法为核心,以数据和硬件为基础,以提升感知识别、知识计算、认知推理、运动执行、人机交互能力为重点,形成开放兼容、稳定成熟的技术体系。

知识计算引擎与知识服务技术。重点突破知识加工、深度搜索和可视交互核心技术,实现对知识持续增量的自动获取,具备概念识别、实体发现、属性预测、知识演化建模和关系挖掘能力,形成涵盖数十亿实体规模的多源、多学科和多数据类型的跨媒体知识图谱。

跨媒体分析推理技术。重点突破跨媒体统一表征、关联理解与知识挖掘、知识图谱构建与学习、知识演化与推理、智能描述与生成等技术,实现跨媒体知识表征、分析、挖掘、推理、演化和利用,构建分析推理引擎。

群体智能关键技术。重点突破基于互联网的大众化协同、大规模协作的知识资源管理与开放式共享等技术,建立群智知识表示框架,实现基于群智感知的知识获取和开放动态环境下的群智融合与增强,支撑覆盖全国的千万级规模群体感知、协同与演化。

混合增强智能新架构与新技术。重点突破人机协同的感知与执行一体化模型、智能计算前移的新型传感器件、通用混合计算架构等核心技术,构建自主适应环境的混合增强智能系统、人机群组混合增强智能系统及支撑环境。

自主无人系统的智能技术。重点突破自主无人系统计算架构、复杂动态场景感知与理解、实时精准定位、面向复杂环境的适应性智能导航等共性技术,无人机自主控制以及汽车、船舶和轨道交通自动驾驶等智能技术,服务机器人、特种机器人等核心技术,支撑无人系统应用和产业发展。

虚拟现实智能建模技术。重点突破虚拟对象智能行为建模技术,提升虚拟现实中智能对象行为的社会性、多样性和交互逼真性,实现虚拟现实、增强现实等技术与人工智能的有机结合和高效互动。

智能计算芯片与系统。重点突破高能效、可重构类脑计算芯片和具有计算成像功能的类脑视觉传感器技术,研发具有自主学习能力的高效能类脑神经网络架构和硬件系统,实现具有多媒体感知信息理解和智能增长、常识推理能力的类脑智能系统。

自然语言处理技术。重点突破自然语言的语法逻辑、字符概念表征和深度语义分析的核心技术,推进人类与机器的有效沟通和自由交互,实现多风格多语言多领域的自然语言智能理解和自动生成。

专栏2:关键共性技术

(1)知识计算引擎与知识服务技术。研究知识计算和可视交互引擎,研究创新设计、数字创意和以可视媒体为核心的商业智能等知识服务技术,开展大规模生物数据的知识发现。

(2)跨媒体分析推理技术。研究跨媒体统一表征、关联理解与知识挖掘、知识图谱构建与学习、知识演化与推理、智能描述与生成等技术,开发跨媒体分析推理引擎与验证系统。

（3）群体智能关键技术。开展群体智能的主动感知与发现、知识获取与生成、协同与共享、评估与演化、人机整合与增强、自我维持与安全交互等关键技术研究，构建群智空间的服务体系结构，研究移动群体智能的协同决策与控制技术。

（4）混合增强智能新架构和新技术。研究混合增强智能核心技术、认知计算框架，新型混合计算架构，人机共驾、在线智能学习技术，平行管理与控制的混合增强智能框架。

（5）自主无人系统的智能技术。研究无人机自主控制和汽车、船舶、轨道交通自动驾驶等智能技术，服务机器人、空间机器人、海洋机器人、极地机器人技术，无人车间/智能工厂智能技术，高端智能控制技术和自主无人操作系统。研究复杂环境下基于计算机视觉的定位、导航、识别等机器人及机械手臂自主控制技术。

（6）虚拟现实智能建模技术。研究虚拟对象智能行为的数学表达与建模方法，虚拟对象与虚拟环境和用户之间进行自然、持续、深入交互等问题，智能对象建模的技术与方法体系。

（7）智能计算芯片与系统。研发神经网络处理器以及高能效、可重构类脑计算芯片等，新型感知芯片与系统、智能计算体系结构与系统，人工智能操作系统。研究适合人工智能的混合计算架构等。

（8）自然语言处理技术。研究短文本的计算与分析技术，跨语言文本挖掘技术和面向机器认知智能的语义理解技术，多媒体信息理解的人机对话系统。

3. 统筹布局人工智能创新平台

建设布局人工智能创新平台，强化对人工智能研发应用的基础支撑。人工智能开源软硬件基础平台重点建设支持知识推理、概率统计、深度学习等人工智能范式的统一计算框架平台，形成促进人工智能软件、硬件和智能云之间相互协同的生态链。群体智能服务平台重点建设基于互联网大规模协作的知识资源管理与开放式共享工具，形成面向产学研用创新环节的群智众创平台和服务环境。混合增强智能支撑平台重点建设支持大规模训练的异构实时计算引擎和新型计算集群,为复杂智能计算提供服务化、系统化平台和解决方案。自主无人系统支撑平台重点建设面向自主无人系统复杂环境下环境感知、自主协同控制、智能决策等人工智能共性核心技术的支撑系统,形成开放式、模块化、可重构的自主无人系统开发与试验环境。人工智能基础数据与安全检测平台重点建设面向人工智能的公共数据资源库、标准测试数据集、云服务平台等,形成人工智能算法与平台安全性测试评估的方法、技术、规范和工具集。促进各类通用软件和技术平台的开源开放。各类平台要按照军民深度融合的要求和相关规定,推进军民共享共用。

专栏3:基础支撑平台

(1)人工智能开源软硬件基础平台。建立大数据人工智能开源软件基础平台、终端与云端协同的人工智能云服务平台、新型多元智能传感器件与集成平台、基于人工智能硬件的新产品设计平台、未来网络中的大数据智能化服务平台等。

(2)群体智能服务平台。建立群智众创计算支撑平台、科技众创服务系统、群智软件开发与验证自动化系统、群智软件学习与创新系统、开放环境的群智决策系统、群智共享经济服务系统。

(3)混合增强智能支撑平台。建立人工智能超级计算中心、大规模超级智能计算支撑环境、在线智能教育平台、"人在回路"驾驶脑、产业发展复杂性分析与风险评估的智能平台、支撑核电安全运营的智能保障平台、人机共驾技术研发与测试平台等。

(4)自主无人系统支撑平台。建立自主无人系统共性核心技术支撑平台,无人机自主控制以及汽车、船舶和轨道交通自动驾驶支撑平台,服务机器人、空间机器人、海洋机器人、极地机器人支撑平台,智能工厂与智能控制装备技术支撑平台等。

(5)人工智能基础数据与安全检测平台。建设面向人工智能的公共数据资源库、标准测试数据集、云服务平台,建立人工智能算法与平台安全性测试模型及评估模型,研发人工智能算法与平台安全性测评工具集。

4. 加快培养聚集人工智能高端人才

把高端人才队伍建设作为人工智能发展的重中之重,坚持培养和引进相结合,完善人工智能教育体系,加强人才储备和梯队建设,特别是加快引进全球顶尖人才和青年人才,形成我国人工智能人才高地。

培育高水平人工智能创新人才和团队。支持和培养具有发展潜力的人工智能领军人才,加强人工智能基础研究、应用研究、运行维护等方面专业技术人才培养。重视复合型人才培养,重点培养贯通人工智能理论、方法、技术、产品与应用等的纵向复合型人才,以及掌握"人工智能+"经济、社会、管理、标准、法律等的横向复合型人才。通过重大研发任务和基地平台建设,汇聚人工智能高端人才,在若干人工智能重点领域形成一批高水平创新团队。鼓励和引导国内创新人才、团队加强与全球顶尖人工智能研究机构合作互动。

加大高端人工智能人才引进力度。开辟专门渠道,实行特殊政策,实现人工智能高端人才精准引进。重点引进神经认知、机器学习、自动驾驶、智能机器人等国际顶尖科学家和高水平创新团队。鼓励采取项目合作、技术咨询等方式柔性引进人工智能人才。统筹利用"千人计划"等现有人才计划,加强人工智能领域优秀人才特别是优秀青年人才引进工作。完善企业人力资本成本核算相关政策,激励企业、科研机构引进人工智能人才。

建设人工智能学科。完善人工智能领域学科布局,设立人工智能专业,推动人工智能领域一级学科建设,尽快在试点院校建立人工智能学院,增加人工智能相关学科方向的博士、硕士招生名额。鼓励高校在原有基础上拓宽人工智能专业教育内容,形成"人工智能+X"复合专业培养新模式,重视人工智能与数学、计算机科学、物理学、生物学、心理学、社会学、法学等学科专业教育的交叉融合。加强产学研合作,鼓励高校、科研院所与企业等机构合作开展人工智能学科建设。

(二)培育高端高效的智能经济

加快培育具有重大引领带动作用的人工智能产业,促进人工智能与各产业领域深度融合,形成数据驱动、人机协同、跨界融合、共创分享的智能经济形态。数据和知识成为经济增长的第一要素,人机协同成为主流生产和服务方式,跨界融合成为重要经济模式,共创分享成为经济生态基本特征,个性化需求与定制成为消费新潮流,生产率大幅提升,引领产业向价值链高端迈进,有力支撑实体经济发展,全面提升经济发展质量和效益。

1. 大力发展人工智能新兴产业

加快人工智能关键技术转化应用,促进技术集成与商业模式创新,推动重点领域智能产品创新,积极培育人工智能新兴业态,布局产业链高端,打造具有国际竞争力的人工智能产业集群。

智能软硬件。开发面向人工智能的操作系统、数据库、中间件、开发工具等关键基础软件,突破图形处理器等核心硬件,研究图像识别、语音识别、机器翻译、智能交互、知识处理、控制决策等智能系统解决方案,培育壮大面向人工智能应用的基础软硬件产业。

智能机器人。攻克智能机器人核心零部件、专用传感器,完善智能机器人硬件接口标准、软件接口协议标准以及安全使用标准。研制智能工业机器人、智能服务机器人,实现大规模应用并进入国际市场。研制和推广空间机器人、海洋机器人、极地机器人等特种智能机器人。建立智能机器人标准体系和安全规则。

智能运载工具。发展自动驾驶汽车和轨道交通系统,加强车载感知、自动驾驶、车联网、物联网等技术集成和配套,开发交通智能感知系统,形成我国自主的自动驾驶平台技术体系和产品总成能力,探索自动驾驶汽车共享模式。发展消费类和商用类无人机、无人船,建立试验鉴定、测试、竞技等专业化服务体系,完善空域、水域管理措施。

虚拟现实与增强现实。突破高性能软件建模、内容拍摄生成、增强现实与人机交互、集成环境与工具等关键技术,研制虚拟显示器件、光学器件、高性能真三维显示器、开发引擎等产品,建立虚拟现实与增强现实的技术、产品、服务标准和评价体系,推动重点行业融合应用。

智能终端。加快智能终端核心技术和产品研发,发展新一代智能手机、车载智能终端等移动智能终端产品和设备,鼓励开发智能手表、智能耳机、智能眼镜等可穿戴终端产品,拓展产品形态和应用服务。

物联网基础器件。发展支撑新一代物联网的高灵敏度、高可靠性智能传感器件和芯片,攻克射频识别、近距离机器通信等物联网核心技术和低功耗处理器等关键器件。

2. 加快推进产业智能化升级

推动人工智能与各行业融合创新,在制造、农业、物流、金融、商务、家居等重点行业和领域开展人工智能应用试点示范,推动人工智能规模化应用,全面提升产业发展智能化水平。

智能制造。围绕制造强国重大需求,推进智能制造关键技术装备、核心支撑软件、工业互联网等系统集成应用,研发智能产品及智能互联产品、智能制造使能工具与系统、智能制造云服务平台,推广流程智能制造、离散智能制造、网络化协同制造、远程诊断与运维服务等新型制造模式,建立智能制造标准体系,推进制造全生命周期活动智能化。

智能农业。研制农业智能传感与控制系统、智能化农业装备、农机田间作业自主系统等。建立完善天空地一体化的智能农业信息遥感监测网络。建立典型农业大数据智能决策分析系统,开展智能农场、智能化植物工厂、智能牧场、智能渔场、智能果园、农产品加工智能车间、农产品绿色智能供应链等集成应用示范。

智能物流。加强智能化装卸搬运、分拣包装、加工配送等智能物流装备研发和推广应用,建设深度感知智能仓储系统,提升仓储运营管理水平和效率。完善智能物流公共信息平台和指挥系统、产品质量认证及追溯系统、智能配货调度体系等。

智能金融。建立金融大数据系统,提升金融多媒体数据处理与理解能力。创新智能金融产品和服务,发展金融新业态。鼓励金融行业应用智能客服、智能监控等技术和装备。建立金融风险智能预警与防控系统。

智能商务。鼓励跨媒体分析与推理、知识计算引擎与知识服务等新技术在商务领域应用,推广基于人工智能的新型商务服务与决策系统。建设涵盖地理位置、网络媒体和城市基础数据等跨媒体大数据平台,支撑企业开展智能商务。鼓励围绕个人需求、企业管理提供定制化商务智能决策服务。

智能家居。加强人工智能技术与家居建筑系统的融合应用,提升建筑设备及家居产品的智能化水平。研发适应不同应用场景的家庭互联互通协议、接口标准,提升家电、耐用品等家居产品感知和联通能力。支持智能家居企业创新服务模式,提供互联共享解决方案。

3. 大力发展智能企业

大规模推动企业智能化升级。支持和引导企业在设计、生产、管理、物流和营销等核心业务环节应用人工智能新技术,构建新型企业组织结构和运营方式,形成制造与服务、金融智能化融合的业态模式,发展个性化定制,扩大智能产品供给。鼓励大型互联网企业建设云制造平台和服务平台,面向制造企业在线提供关键工业软件和模型库,开展制造能力外包服务,推动中小企业智能化发展。

推广应用智能工厂。加强智能工厂关键技术和体系方法的应用示范,重点推广生产线重构与动态智能调度、生产装备智能物联与云化数据采集、多维人机物协同与互操作等技术,鼓励和引导企业建设工厂大数据系统、网络化分布式生产设施等,实现生产设备网络化、生产数据可视化、生产过程透明化、生产现场无人化,提升工厂运营管理智能化水平。

加快培育人工智能产业领军企业。在无人机、语音识别、图像识别等优势领域加快打造人工智能全球领军企业和品牌。在智能机器人、智能汽车、可穿戴设备、虚拟现实等新兴领域加快培育一批龙头企业。支持人工智能企业加强专利布局,牵头或参与国际标准制定。推动国内优势企业、行业组织、科研机构、高校等联合组建中国人工智能产业技术创新联盟。支持龙头骨干企业构建开源硬件工厂、开源软件平台,形成集聚各类资源的创新生态,促进人工智能中小微企业发展和各领域应用。支持各类机构和平台面向人工智能企业提供专业化服务。

4. 打造人工智能创新高地

结合各地区基础和优势,按人工智能应用领域分门别类进行相关产业布局。鼓励地方围绕人工智能产业链和创新链,集聚高端要素、高端企业、高端人才,打造人工智能产业集群和创新高地。

开展人工智能创新应用试点示范。在人工智能基础较好、发展潜力较大的地区,组织开展国家人工智能创新试验,探索体制机制、政策法规、人才培育等方面的重大改革,推动人工智能成果转化、重大产品集成创新和示范应用,形成可复制、可推广的经验,引领带动智能经济和智能社会发展。

建设国家人工智能产业园。依托国家自主创新示范区和国家高新技术产业开发区等创新载体,加强科技、人才、金融、政策等要素的优化配置和组合,加快培育建设人工智能产业创新集群。

建设国家人工智能众创基地。依托从事人工智能研究的高校、科研院所集中地区,搭建人工智能领域专业化创新平台等新型创业服务机构,建设一批低成本、便利化、全要素、开放式的人工智能众创空间,完善孵化服务体系,推进人工智能科技成果转移转化,支持人工智能创新创业。

(三)建设安全便捷的智能社会

围绕提高人民生活水平和质量的目标,加快人工智能深度应用,形成无时不有、无处不在的智能化环境,全社会的智能化水平大幅提升。越来越多的简单性、重复性、危险性任务由人工智能完成,个体创造力得到极大发挥,形成更多高质量和高舒适度的就业岗位;精准化智能服务更加丰富多样,人们能够最大限度享受高质量服务和便捷生活;社会治理智能化水平大幅提升,社会运行更加安全高效。

1. 发展便捷高效的智能服务

围绕教育、医疗、养老等迫切民生需求,加快人工智能创新应用,为公众提供个性化、多元化、高品质服务。

智能教育。利用智能技术加快推动人才培养模式、教学方法改革,构建包含智能学习、交互式学习的新型教育体系。开展智能校园建设,推动人工智能在教学、管理、资源建设等全流程应用。开发立体综合教学场、基于大数据智能的在线学习教育平台。开发智能教育助理,建立智能、快速、全面的教育分析系统。建立以学习者为中心的教育环境,提供精准推送的教育服务,实现日常教育和终身教育定制化。

智能医疗。推广应用人工智能治疗新模式新手段,建立快速精准的智能医疗体系。探索智慧医院建设,开发人机协同的手术机器人、智能诊疗助手,研发柔性可穿戴、生物兼容的生理监测系统,研发人机协同临床智能诊疗方案,实现智能影像识别、病理分型和智能多学科会诊。基于人工智能开展大规模基因组识别、蛋白组学、代谢组学等研究和新药研发,推进医药监管智能化。加强流行病智能监测和防控。

智能健康和养老。加强群体智能健康管理,突破健康大数据分析、物联网等关键技术,研发健康管理可穿戴设备和家庭智能健康检测监测设备,推动健康管理实现从点状监测向连续监测、从短流程管理向长流程管理转变。建设智能养老社区和机构,构建安全便捷的智能化养老基础设施体系。加强老年人产品智能化和智能产品适老化,开发视听辅助设备、物理辅助设备等智能家居养老设备,拓展老年人活动空间。开发面向老年人的移动社交和服务平台、情感陪护助手,提升老年人生活质量。

2. 推进社会治理智能化

围绕行政管理、司法管理、城市管理、环境保护等社会治理的热点难点问题,促进人工智能技术应用,推动社会治理现代化。

智能政务。开发适于政府服务与决策的人工智能平台,研制面向开放环境的决策引擎,在复杂社会问题研判、政策评估、风险预警、应急处置等重大战略决策方面推广应用。加强政务信息资源整合和公共需求精准预测,畅通政府与公众的交互渠道。

智慧法庭。建设集审判、人员、数据应用、司法公开和动态监控于一体的智慧法庭数据平台,促进人工智能在证据收集、案例分析、法律文件阅读与分析中的应用,实现法院审判体系和审判能力智能化。

智慧城市。构建城市智能化基础设施,发展智能建筑,推动地下管廊等市政基础设施智能化改造升级;建设城市大数据平台,构建多元异构数据融合的城市运行管理体系,实现对城市基础设施和城市绿地、湿地等重要生态要素的全面感知以及对城市复杂系统运行的深度认知;研发构建社区公共服务信息系统,促进社区服务系统与居民智能家庭系统协同;推进城市规划、建设、管理、运营全生命周期智能化。

智能交通。研究建立营运车辆自动驾驶与车路协同的技术体系。研发复杂场景下的多维交通信息综合大数据应用平台,实现智能化交通疏导和综合运行协调指挥,建成覆盖地面、轨道、低空和海上的智能交通监控、管理和服务系统。智能环保。建立涵盖大气、水、土壤等环境领域的智能监控大数据平台体系,建成陆海统筹、天地一体、上下协同、信息共享的智能环境监测网络和服务平台。研发资源能源消耗、环境污染物排放智能预测模型方法和预警方案。加强京津冀、长江经济带等国家重大战略区域环境保护和突发环境事件智能防控体系建设。

3. 利用人工智能提升公共安全保障能力

促进人工智能在公共安全领域的深度应用,推动构建公共安全智能化监测预警与控制体系。围绕社会综合治理、新型犯罪侦查、反恐等迫切需求,研发集成多种探测传感技术、视频图像信息分析识别技术、生物特征识别技术的智能安防与警用产品,建立智能化监测平台。加强对重点公共区域安防设备的智能化改造升级,支持有条件的社区或城市开展基于人工智能的公共安防区域示范。强化人工智能对食品安全的保障,围绕食品分类、预警等级、食品安全隐患及评估等,建立智能化食品安全预警系统。加强人工智能对自然灾害的有效监测,围绕地震灾害、地质灾害、气象灾害、水旱灾害和海洋灾害等重大自然灾害,构建智能化监测预警与综合应对平台。

4. 促进社会交往共享互信

充分发挥人工智能技术在增强社会互动、促进可信交流中的作用。加强下一代社交网络研发,加快增强现实、虚拟现实等技术推广应用,促进虚拟环境和实体环境协同融合,满足个人感知、分析、判断与决策等实时信息需求,实现在工作、学习、生活、娱乐等不同场景下的流畅切换。针对改善人际沟通障碍的需求,开发具有情感交互功能、能准确理解人的需求的智能助理产品,实现情感交流和需求满足的良性循环。促进区块链技术与人工智能的融合,建立新型社会信用体系,最大限度降低人际交往成本和风险。

(四)加强人工智能领域军民融合

深入贯彻落实军民融合发展战略,推动形成全要素、多领域、高效益的人工智能军民融合格局。以军民共享共用为导向部署新一代人工智能基础理论和关键共性技术研发,建立科研院所、高校、企业和军工单位的常态化沟通协调机制。促进人工智能技术军民双向转化,强化新一代人工智能技术对指挥决策、军事推演、国防装备等的有力支撑,引导国防领域人工智能科技成果向民用领域转化应用。鼓励优势民口科研力量参与国防领域人工智能重大科技创新任务,推动各类人工智能技术快速嵌入国防创新领域。加强军民人工智能技术通用标准体系建设,推进科技创新平台基地的统筹布局和开放共享。

（五）构建泛在安全高效的智能化基础设施体系

大力推动智能化信息基础设施建设，提升传统基础设施的智能化水平，形成适应智能经济、智能社会和国防建设需要的基础设施体系。加快推动以信息传输为核心的数字化、网络化信息基础设施，向集融合感知、传输、存储、计算、处理于一体的智能化信息基础设施转变。优化升级网络基础设施，研发布局第五代移动通信(5G)系统，完善物联网基础设施，加快天地一体化信息网络建设，提高低时延、高通量的传输能力。统筹利用大数据基础设施，强化数据安全与隐私保护，为人工智能研发和广泛应用提供海量数据支撑。建设高效能计算基础设施，提升超级计算中心对人工智能应用的服务支撑能力。建设分布式高效能源互联网，形成支撑多能源协调互补、及时有效接入的新型能源网络，推广智能储能设施、智能用电设施，实现能源供需信息的实时匹配和智能化响应。

专栏4：智能化基础设施

（1）网络基础设施。加快布局实时协同人工智能的5G增强技术研发及应用，建设面向空间协同人工智能的高精度导航定位网络，加强智能感知物联网核心技术攻关和关键设施建设，发展支撑智能化的工业互联网、面向无人驾驶的车联网等，研究智能化网络安全架构。加快建设天地一体化信息网络，推进天基信息网、未来互联网、移动通信网的全面融合。

（2）大数据基础设施。依托国家数据共享交换平台、数据开放平台等公共基础设施，建设政府治理、公共服务、产业发展、技术研发等领域大数据基础信息数据库，支撑开展国家治理大数据应用。整合社会各类数据平台和数据中心资源，形成覆盖全国、布局合理、链接畅通的一体化服务能力。

（3）高效能计算基础设施。继续加强超级计算基础设施、分布式计算基础设施和云计算中心建设，构建可持续发展的高性能计算应用生态环境。推进下一代超级计算机研发应用。

（六）前瞻布局新一代人工智能重大科技项目

针对我国人工智能发展的迫切需求和薄弱环节，设立新一代人工智能重大科技项目。加强整体统筹，明确任务边界和研发重点，形成以新一代人工智能重大科技项目为核心、现有研发布局为支撑的"1+N"人工智能项目群。

"1"是指新一代人工智能重大科技项目，聚焦基础理论和关键共性技术的前瞻布局，包括研究大数据智能、跨媒体感知计算、混合增强智能、群体智能、自主协同控制与决策等理论，研究知识计算引擎与知识服务技术、跨媒体分析推理技术、群体智能关键技术、混合增强智能新架构与新技术、自主无人控制技术等，开源共享人工智能基础理论和共性技术。持续开展人工智能发展的预测和研判，加强人工智能对经济社会综合影响及对策研究。

"N"是指国家相关规划计划中部署的人工智能研发项目，重点是加强与新一代人工智能重大科技项目的衔接，协同推进人工智能的理论研究、技术突破和产品研发应用。加强与国家科技重大专项的衔接，在"核高基"（核心电子器件、高端通用芯片、基础软件）、集成电路装备等国家科技重大专项中支持人工智能软硬件发展。加强与其他"科技创新2030—重大项目"的相互支撑，加快脑科学与类脑计算、量子信息与量子计算、智能制造与机器人、大数据等研究，为人工智能重大技术突破提供支撑。国家重点研发计划继续推进高性能计算等重点专项实施，加大对人工智能相关技术研发和应用的支持；国家自然科学基金加强对人工智能前沿领域交叉学科研究和自由探索的支持。在深海空间站、健康保障等重大项目，以及智慧城市、智能农机装备等国家重点研发计划重点专项部署中，加强人工智能技术的应用示范。其他各类科技计划支持的人工智能相关基础理论和共性技术研究成果应开放共享。

创新新一代人工智能重大科技项目组织实施模式，坚持集中力量办大事、重点突破的原则，充分发挥市场机制作用，调动部门、地方、企业和社会各方面力量共同推进实施。明确管理责任，定期开展评估，加强动态调整，提高管理效率。

四、资源配置

充分利用已有资金、基地等存量资源,统筹配置国际国内创新资源,发挥好财政投入、政策激励的引导作用和市场配置资源的主导作用,撬动企业、社会加大投入,形成财政资金、金融资本、社会资本多方支持的新格局。

(一)建立财政引导、市场主导的资金支持机制

统筹政府和市场多渠道资金投入,加大财政资金支持力度,盘活现有资源,对人工智能基础前沿研究、关键共性技术攻关、成果转移转化、基地平台建设、创新应用示范等提供支持。利用现有政府投资基金支持符合条件的人工智能项目,鼓励龙头骨干企业、产业创新联盟牵头成立市场化的人工智能发展基金。利用天使投资、风险投资、创业投资基金及资本市场融资等多种渠道,引导社会资本支持人工智能发展。积极运用政府和社会资本合作等模式,引导社会资本参与人工智能重大项目实施和科技成果转化应用。

(二)优化布局建设人工智能创新基地

按照国家级科技创新基地布局和框架,统筹推进人工智能领域建设若干国际领先的创新基地。引导现有与人工智能相关的国家重点实验室、企业国家重点实验室、国家工程实验室等基地,聚焦新一代人工智能的前沿方向开展研究。按规定程序,以企业为主体、产学研合作组建人工智能领域的相关技术和产业创新基地,发挥龙头骨干企业技术创新示范带动作用。发展人工智能领域的专业化众创空间,促进最新技术成果和资源、服务的精准对接。充分发挥各类创新基地聚集人才、资金等创新资源的作用,突破人工智能基础前沿理论和关键共性技术,开展应用示范。

(三)统筹国际国内创新资源

支持国内人工智能企业与国际人工智能领先高校、科研院所、团队合作。鼓励国内人工智能企业"走出去",为有实力的人工智能企业开展海外并购、股权投资、创业投资和建立海外研发中心等提供便利和服务。鼓励国外人工智能企业、科研机构在华设立研发中心。依托"一带一路"战略,推动建设人工智能国际科技合作基地、联合研究中心等,加快人工智能技术在"一带一路"沿线国家推广应用。推动成立人工智能国际组织,共同制定相关国际标准。支持相关行业协会、联盟及服务机构搭建面向人工智能企业的全球化服务平台。

五、保障措施

围绕推动我国人工智能健康快速发展的现实要求,妥善应对人工智能可能带来的挑战,形成适应人工智能发展的制度安排,构建开放包容的国际化环境,夯实人工智能发展的社会基础。

(一)制定促进人工智能发展的法律法规和伦理规范

加强人工智能相关法律、伦理和社会问题研究,建立保障人工智能健康发展的法律法规和伦理道德框架。开展与人工智能应用相关的民事与刑事责任确认、隐私和产权保护、信息安全利用等法律问题研究,建立追溯和问责制度,明确人工智能法律主体以及相关权利、义务和责任等。重点围绕自动驾驶、服务机器人等应用基础较好的细分领域,加快研究制定相关安全管理法规,为新技术的快速应用奠定法律基础。开展人工智能行为科学和伦理等问题研究,建立伦理道德多层次判断结构及人机协作的伦理框架。制定人工智能产品研发设计人员的道德规范和行为守则,加强对人工智能潜在危害与收益的评估,构建人工智能复杂场景下突发事件的解决方案。积极参与人工智能全球治理,加强机器人异化和安全监管等人工智能重大国际共性问题研究,深化在人工智能法律法规、国际规则等方面的国际合作,共同应对全球性挑战。

(二)完善支持人工智能发展的重点政策

落实对人工智能中小企业和初创企业的财税优惠政策,通过高新技术企业税收优惠和研发费用加计扣除等政策支持人工智能企业发展。完善落实数据开放与保护相关政策,开展公共数据开放利用改革试点,支持公众和企业充分挖掘公共数据的商业价值,促进人工智能应用创新。研究完善适应人工智能的教育、医疗、保险、社会救助等政策体系,有效应对人工智能带来的社会问题。

(三)建立人工智能技术标准和知识产权体系

加强人工智能标准框架体系研究。坚持安全性、可用性、互操作性、可追溯性原则,逐步建立并完善人工智能基础共性、互联互通、行业应用、网络安全、隐私保护等技术标准。加快推动无人驾驶、服务机器人等细分应用领域的行业协会和联盟制定相关标准。鼓励人工智能企业参与或主导制定国际标准,以技术标准"走出去"带动人工智能产品和服务在海外推广应用。加强人工智能领域的知识产权保护,健全人工智能领域技术创新、专利保护与标准化互动支撑机制,促进人工智能创新成果的知识产权化。建立人工智能公共专利池,促进人工智能新技术的利用与扩散。

(四)建立人工智能安全监管和评估体系

加强人工智能对国家安全和保密领域影响的研究与评估,完善人、技、物、管配套的安全防护体系,构建人工智能安全监测预警机制。加强对人工智能技术发展的预测、研判和跟踪研究,坚持问题导向,准确把握技术和产业发展趋势。增强风险意识,重视风险评估和防控,强化前瞻预防和约束引导,近期重点关注对就业的影响,远期重点考虑对社会伦理的影响,确保把人工智能发展规制在安全可控范围内。建立健全公开透明的人工智能监管体系,实行设计问责和应用监督并重的双层监管结构,实现对人工智能算法设计、产品开发和成果应用等的全流程监管。促进人工智能行业和企业自律,切实加强管理,加大对数据滥用、侵犯个人隐私、违背道德伦理等行为的惩戒力度。加强人工智能网络安全技术研发,强化人工智能产品和系统网络安全防护。构建动态的人工智能研发应用评估评价机制,围绕人工智能设计、产品和系统的复杂性、风险性、不确定性、可解释性、潜在经济影响等问题,开发系统性的测试方法和指标体系,建设跨领域的人工智能测试平台,推动人工智能安全认证,评估人工智能产品和系统的关键性能。

(五)大力加强人工智能劳动力培训

加快研究人工智能带来的就业结构、就业方式转变以及新型职业和工作岗位的技能需求,建立适应智能经济和智能社会需要的终身学习和就业培训体系,支持高等院校、职业学校和社会化培训机构等开展人工智能技能培训,大幅提升就业人员专业技能,满足我国人工智能发展带来的高技能高质量就业岗位需要。鼓励企业和各类机构为员工提供人工智能技能培训。加强职工再就业培训和指导,确保从事简单重复性工作的劳动力和因人工智能失业的人员顺利转岗。

(六)广泛开展人工智能科普活动

支持开展形式多样的人工智能科普活动,鼓励广大科技工作者投身人工智能的科普与推广,全面提高全社会对人工智能的整体认知和应用水平。实施全民智能教育项目,在中小学阶段设置人工智能相关课程,逐步推广编程教育,鼓励社会力量参与寓教于乐的编程教学软件、游戏的开发和推广。建设和完善人工智能科普基础设施,充分发挥各类人工智能创新基地平台等的科普作用,鼓励人工智能企业、科研机构搭建开源平台,面向公众开放人工智能研发平台、生产设施或展馆等。支持开展人工智能竞赛,鼓励进行形式多样的人工智能科普创作。鼓励科学家参与人工智能科普。

六、组织实施

新一代人工智能发展规划是关系全局和长远的前瞻谋划。必须加强组织领导,健全机制,瞄准目标,紧盯任务,以钉钉子的精神切实抓好落实,一张蓝图干到底。

(一)组织领导

按照党中央、国务院统一部署,由国家科技体制改革和创新体系建设领导小组牵头统筹协调,审议重大任务、重大政策、重大问题和重点工作安排,推动人工智能相关法律法规建设,指导、协调和督促有关部门做好规划任务的部署实施。依托国家科技计划(专项、基金等)管理部际联席会议,科技部会同有关部门负责推进新一代人工智能重大科技项目实施,加强与其他计划任务的衔接协调。成立人工智能规划推进办公室,办公室设在科技部,具体负责推进规划实施。成立人工智能战略咨询委员会,研究人工智能前瞻性、战略性重大问题,对人工智能重大决策提供咨询评估。推进人工智能智库建设,支持各类智库开展人工智能重大问题研究,为人工智能发展提供强大智力支持。

(二)保障落实

加强规划任务分解,明确责任单位和进度安排,制定年度和阶段性实施计划。建立年度评估、中期评估等规划实施情况的监测评估机制。适应人工智能快速发展的特点,根据任务进展情况、阶段目标完成情况、技术发展新动向等,加强对规划和项目的动态调整。

(三)试点示范

对人工智能重大任务和重点政策措施,要制定具体方案,开展试点示范。加强对各部门、各地方试点示范的统筹指导,及时总结推广可复制的经验和做法。通过试点先行、示范引领,推进人工智能健康有序发展。

（四）舆论引导

充分利用各种传统媒体和新兴媒体，及时宣传人工智能新进展、新成效，让人工智能健康发展成为全社会共识，调动全社会参与支持人工智能发展的积极性。及时做好舆论引导，更好应对人工智能发展可能带来的社会、伦理和法律等挑战。

3.2 促进新一代人工智能产业发展三年行动计划

2017年12月，工业和信息化部印发了《促进新一代人工智能产业发展三年行动计划（2018—2020年）》（以下简称《行动计划》），以信息技术与制造技术深度融合为主线，以新一代人工智能技术的产业化和集成应用为重点，推动人工智能和实体经济深度融合，加快制造强国和网络强国建设。

《行动计划》从推动产业发展角度出发，对国务院《新一代人工智能发展规划》相关任务进行了细化和落实，以信息技术与制造技术深度融合为主线，推动新一代人工智能技术的产业化与集成应用，发展高端智能产品，夯实核心基础，提升智能制造水平，完善公共支撑体系。《行动计划》以三年为期限明确了多项任务的具体指标。

《行动计划》按照"系统布局、重点突破、协同创新、开放有序"的原则，在深入调研基础上研究提出四方面重点任务，共17个产品或领域。

一是重点培育和发展智能网联汽车、智能服务机器人、智能无人机、医疗影像辅助诊断系统、视频图像身份识别系统、智能语音交互系统、智能翻译系统、智能家居产品等智能化产品，推动智能产品在经济社会的集成应用。以上智能化产品已有较好的技术、产业基础，部分细分领域的产品已经走在了国际前列，在国家政策引导下有望实现规模化发展，形成由点到面的突破，并带动人工智能技术在行业中的深入应用。

二是重点发展智能传感器、神经网络芯片、开源开放平台等关键环节，夯实人工智能产业发展的软硬件基础。以上这些产品或平台市场竞争力不强，是产业链上的薄弱环节，对产业发展可能形成制约，亟待加快创新发展，夯实基础，补齐短板。

三是深化发展智能制造,鼓励新一代人工智能技术在工业领域各环节的探索应用,提升智能制造关键技术装备创新能力,培育推广智能制造新模式,《行动计划》进一步突出了需要加快应用人工智能技术进行改造升级的具体任务,将为智能制造的深化发展提供有力支撑。

四是构建行业训练资源库、标准测试及知识产权服务平台、智能化网络基础设施、网络安全保障等产业公共支撑体系,完善人工智能发展环境。

第4章 日　　本

日本依托在智能机器人领域全球领先的技术优势，以老龄化社会健康及护理等对人工智能机器人的市场需求，以及超智能社会5.0的建设需求等为主要拉动力，积极推动人工智能的快速发展。

2015年1月，日本经济产业省发布《日本机器人战略》，提出了建设世界机器人创新基地、打造世界第一的机器人应用国家、迈向世界领先的机器人新时代三大核心目标，并制定了5年行动计划，推动日本实现机器人革命，以应对日益突出的社会问题，提升日本制造业的国际竞争力，获取大数据时代的全球化竞争优势。同年5月，在机器人战略指导下，日本先后成立了机器人革命促进会、人工智能研究中心。9月，日本经济产业省、文部科学省与总务省宣布成立"项目推进委员会"，推进人工智能领域的研发工作。

日本人工智能展

在日本人工智能技术战略指引下，日本最大展览主办单位日本励展策划了日本人工智能展，至2019年已连续举办三届，展会时间一般为4月初，吸引了200多家企业领衔参展，三天展会共集聚了近5万人前来观展。

2019年的展会主题包括以下几个方面。

一是人工智能+制造。作为世界制造业强国，日本非常重视人工智能与制造领域的深度融合，推出了一批高智能产品。DeepX：专攻智能机器人技术，开发的软件能够实现小型工业机器人到重型设备等所有机器的自动化。FUJISOFT：通过观测、分析和执行等步骤，实现对物体的分析和识别。

二是人工智能+信息技术。人工智能在信息技术领域的应用也是展会的重点。Neural Pocket：展出三款产品，他们利用专有的算法，聚焦通过分析趋势或者人类行为，在时尚和智能城市等不同的领域创新。NTQ Japan：利用大数据和深度学习解决不同IT领域的实际需求，如人工智能推荐，仅需要点击4~5次后，IT系统就可以预测出用户最喜欢的东西；其研发的图像审批系统可以达到98%的准确率，同时大幅节省时间。

三是人工智能基础设施。展出的内容主要为大数据智能应用解决方案。Honda Motor：本田的汽车探测器曾经仅提供给日本政府机构使用，现在本田将其开放给其他公司，他们展示了如何利用超过400万辆本田汽车探测数据的解决方案。sakiyomi OS：通过将数据收集、学习、评估等模块，实现连续的操作以及自动化过程，可广泛应用于基础设施、交通、制造业、金融、电子商务、营销等。

四是智能聊天机器人。JSOL下一代聊天机器人：通过自动生成人工智能学习数据和高度准确的答案，减少管理员的操作压力，提高了查询响应效率，改进了服务质量。MAXMOUSE：关注利用AI聊天机器人解决各种业务问题，如酒店礼宾服务、后台服务等。

第三届日本人工智能展参展人数统计

2016年1月,日本政府发布《第五期科技基本计划(2016—2020)》,认为超智能社会是继狩猎社会、农耕社会、工业社会、信息社会之后,又一新的社会形态,也是虚拟空间与现实空间高度融合的社会形态,同时将人工智能作为实现超智能社会的核心。同年4月,首相安倍在第五次"面向未来投资官民对话会议"上提出了设定人工智能研发目标和产业化路线图,以及组建日本人工智能技术战略委员会(又称人工智能技术战略会议)的设想。日本政府随后正式设立人工智能技术战略委员会,并作为国家层面的综合管理机构,该委员会有11名成员,分别来自学术界、业界和政府,包括日本科学促进会主席、东京大学校长和丰田董事长。5月,日本政府制定《高级综合智能平台计划》,这是一项集人工智能、大数据、物联网、网络安全于一体的综合发展计划。8月,日本防卫省发布了《防卫技术战略》和《中长期技术规划》,将地面、空中和海上无人系统列入重点发展的军事技术领域,将无人技术和智能化技术作为军事技术发展的重点方向。10月,日本政府举办"结构改革彻底推进会议",推进人工智能和机器人等尖端技术成果转化。

2017年3月,日本人工智能技术战略委员会发布《人工智能技术战略》,描绘了分三个阶段的日本人工智能产业化发展路线图,通过人工智能的运用,实现生产、流通、医疗与护理等领域效率的大幅提高。

2018年6月,日本政府宣布推动人工智能普及的实行计划,将推动开发能与人类对话的人工智能,促进零售店等的无人化,提出了到2022年在教育和护理等领域实现人工智能实用化案例超过20个的目标。

2019年6月,日本政府宣布计划在2019财年构建人工智能研究开发网络,并设立核心的重点研究项目,到2025年实现每年培养25万人工智能人才的目标,为各个专业领域推进人工智能助力。

2019年6月,二十国集团(G20)在日本筑波市举行的部长级会议首次讨论了人工智能问题。会议认为人工智能开发应以人类为中心、以负责任的开发为目标原则,在考虑国家需求、优先事项和具体情况的基础上,各国部长讨论了如何充分利用数字技术、贸易和投资以及借助技术转型和全球化来推动实现可持续、创新型的全球社会,提出了《G20人工智能原则》。该文件确立了五项发展人工智能的基本原则:①包容性增长、可持续发展和福祉;②以人为本的价值观和公平;③透明度和可解释性;④稳健性与安全性;⑤问责制。在可信人工智能发展过程中的国家义务和国际合作方面,文件提出:①各国增加研发投资;②加速数字生态建设;③创建稳健的政策环境;④推动人才培养,为劳动力市场转型做好准备;⑤加强国际合作。

4.1 日本机器人战略

2014年6月,日本政府修订了《日本振兴战略》,提出要推动机器人驱动的新工业革命。为实现这一目标,日本政府于2014年9月成立了"机器人革命实现委员会",委员会由专业知识背景丰富的多位专家组成。委员会共召开了六次会议,主要讨论与机器人革命相关的技术进步、监管改革以及机器人技术的全球化标准等具体举措。日本经济产业省将委员会讨论的成果进行汇总编制了《日本机器人战略》,于2015年1月发布。

该战略分为两个部分。第一部分为概述,共分两章:第一章介绍了国际社会发展机器人产业的背景和日本机器人革命的目标;第二章介绍了实现机器人革命的三大策略。第二部分为日本机器人发展的5年规划,共分为两章:第一章阐述了8个跨领域问题,包括建立机器人革命激励机制、技术发展、机器人国际标准、机器人实地检测等;第二章阐述了具体领域的机器人发展,包括制造业、服务业、医疗与护理业等。

为实现机器人革命的目标,战略提出应加快三个方面的工作。一是从根本上提高日本机器人生产能力,使日本成为世界机器人创新中心。二是在日本全国促进机器人的使用和推广,向世界展示日本在机器人发展中所作的各项努力,以求建立世界机器人使用水平最高的国家,实现机器人覆盖日本全境日常生活的各个方面。三是将机器人革命的影响普及到世界范围,希望在机器人业务互联中形成全球商业规则,并实现自主积累、使用与机器人相关的数据。实现日本的机器人技术国际化标准,并通过采用这些方法将日本的机器人技术传播到更加广泛的领域。

该战略指出,日本机器人要实现三个变革。一是通过传感器和人工智能技术改造原来未使用过机器人的领域;二是在制造业等日常生活的多样化场景中推广机器人的使用;三是通过加强制造业、服务业等领域的国际竞争、解决社会问题来为整个社会新增价值、便利和财富。

该战略主要包括三大核心战略举措。一是建设世界机器人创新基地,彻底巩固机器人产业的培育能力。增加产、学、官合作,增加用户与厂商的对接机会,诱发创新,同时推进人才培养、下一代技术研发、开展国际标准化等工作。二是建设世界第一的机器人应用社会,使机器人随处可见。为了在制造、服务、医疗护理、基础设施、自然灾害应对、工程建设、农业等领域广泛使用机器人,在战略性推进机器人开发与应用的同时,要打造应用机器人所需的环境。三是迈向领先世界的机器人新时代。物联网时代,数据的高级应用,形成了数据驱动型社会。所有物体都将通过网络互联,日常生活中将产生无数的大数据。进一步而言,数据本身也将是附加值的来源。随着这样社会的到来,要制定着眼于机器人新时代的战略。为此,要推进机器人相互联网、自律性存储数据、加以应用等的规则,并积极申请国际标准。同时,平台安全以及标准化也是不可或缺的。

4.2 日本人工智能战略

2017年3月,日本人工智能战略委员会制定了《日本人工智能战略》(以下简称《战略》),全面阐述了日本政府围绕人工智能制定的未来科技发展战略框架,主要内容涵盖人工智能相关数据与计算环境、人工智能技术开发推动框架、人工智能与相关技术融合的产业化路线图、人工智能技术研发与社会普及方法、人工智能科技战略跟进措施。

《战略》给出了日本人工智能产业化发展路线图,共分为三阶段:第一阶段(2020年前后),实现人员和货物运输配送的完全无人化;第二阶段(2020—2030年),实现对人工智能和数据进行跨领域的公共应用;第三阶段(2030年之后),通过连接不同领域来构建人工智能生态系统。

《战略》重点关注三个领域的应用:

(1)生产制造领域。以实现生产系统的自动化、最适化,服务产业的效率化、最适化,以及与服务需求相匹配的超定制服务为目标,构建生产、流通、服务相融合的,包括能源、食品等在内的社会整体生产效率极大提高的极致生态体系,并基于人的创造力提升,相继创造出各种新的服务与新的产业。

(2)医疗健康及护理领域。为应对快速老龄化社会的到来,基于医疗、护理系统的大数据化,构建以人工智能为依托的、世界一流的医疗与护理先进国家。基于先进的预防医学,以实现80岁以上高龄者健康工作及有效降低社保负担为目标,构筑以健康关怀为主的健康长寿产业大国。

(3)交通运输领域。通过人工智能和自动驾驶,使人的时空移动涵盖工作、生活、娱乐等行为。构筑确保安全的空间移动体系,使人与物的移动成为共享经济的一部分,并据此构建生态移动社会体系。有效降低事故率,做到移动社会成本的最小化,实现移动的高附加值化、无人输送与配送,以及虚拟移动,并创造新的社会价值。

第 5 章 英　　国

从计算机之父、人工智能概念雏形的提出者图灵,到将人工智能关注度推向新高潮的阿尔法狗(AlphaGo),英国与人工智能一向关系密切。事实上,英国一直积极推动人工智能发展,并希望凭借其密集学院群把伦敦打造为人工智能学术重阵、创新中心,早在 2013 年 1 月就将"机器人技术及自治化系统"作为其"八项伟大的科技"计划①的一部分。

伦敦的大学与人工智能

伦敦是世界上唯一一座拥有 4 所位列世界顶尖大学前 40 的高校的城市。同时,伦敦高等学府系统内有很多杰出的大学及专业类院校,它们虽然不在全球顶尖排名之列,但在相应业界都久负盛名。根据完全大学指南的 2019 英国大学排名,伦敦拥有多所大学如表 1 所列。

根据英国政府发布的《2017 年英国人工智能产业发展报告》显示,在英国排名前 50 位的人工智能公司中,有 80% 的公司都位于伦敦。除此之外,剑桥、牛津、爱丁堡也拥有较多人工智能相关的公司。

英国人工智能公司分布的一个显著特点是在高校周边。在伦敦,伦敦大学学院、伦敦国王学院和帝国理工学院都有实力不凡的人工智能和机器学习研究小组,创业者优先把公司设在高校附近以便招揽人才。在剑桥,很多人工智能公司都和剑桥大学计算机学院保持着密切联系,包括 Evi、Vocal IQ、Cytora、SwiftKey 和 Darktrace 在内的一系列人

---

① The Rt Hon David Willetts, 2013. Speech:八项伟大的科技. https://www.gov.uk/government/speeches/eight-great-technologies.

工智能创业公司都是在剑桥创建的;而牛津大学则在深度学习上有较强的积淀,DeepMind 以及 Dark Blue Labs 等公司的诞生少不了牛津大学的支持。

伦敦地区大学列表

英国排名	伦敦地区大学名称
3rd	London School of Economice 伦敦政经
4th	Imperial College London 帝国理工
10th	University College London 伦敦大学学院
26th	King's College London 伦敦国王学院
38th	Queen Mary, University of London 玛丽女王大学
46th	SOAS University of London 伦敦大学亚非学院
50th	Brunel University London 布鲁内尔大学
52nd	St George's, University of London 伦敦大学乔治学院
62nd	Goldsmiths, University of London 伦敦大学金史密斯学院
66th	City, University of London 伦敦大学城市学院
71st	Roehampton 罗汉普顿大学
79th	West London 西伦敦大学
82nd	Westminster 威斯敏斯特大学
84th	University of the ArtsLondon 伦敦艺术大学
93rd	London South Bank 南岸大学
95th	Kingston 金斯顿大学
96th	Greenwich 格林威治大学
104th	St Mary's, Twickenham 特威克南圣玛丽大学
105th	Middlesex 密德萨斯大学
109th	East London 东伦敦大学
125th	Birkbeck, University of London 伦敦大学伯贝克学院
131st	London Metropolitan 伦敦都市大学

2016 年 10 月,英国下议院科学技术委员会发布《机器人技术和人工智能》报告,阐述人工智能的创新发展带来的潜在伦理道德与监管挑战,描述了英国将如何规范机器人技术与人工智能系统的发展,以及如何应对其带来的伦理道德、法律及社会问题。报告确定了一份包括资金、领导者以及技术三个方面的

机器人和自主系统2020行动计划。

2016年11月,英国政府科学办公室发布了《人工智能:未来决策的机会与影响》报告,主要描述了人工智能的应用现状,分析了人工智能应用将给英国政府和社会带来的益处,阐述了人工智能对个人隐私、就业的影响,并指出人工智能在政府层面大规模使用的可能性。虽然报告在最后并未提出十分具体的应对建议,但是报告明确英国政府应当以积极、负责的态度处理与人工智能相关的决策,并重申了人工智能发展过程中应当遵守现有法律规范,但对于有限且受控的试错应持开放态度。

Alphago 来自英国

2016年3月9日,AlphaGo战胜围棋世界冠军李世石,这场世纪之战点燃了全球的人工智能发展热潮。"Alpha",希腊字母表的第一个字母,有第一个、开端、最初的含意。"Go",日本对围棋的叫法。人们都知道AlphaGo来自谷歌公司,但并没有多少人知道AlphaGo其实来自英国。实际上,这场举世瞩目的人机大战背后,剑桥和牛津等大学功不可没。

Alphago

DeepMind创始人德米斯·哈撒比斯在剑桥大学和伦敦大学学院取得了计算机科学和认知神经学专业学位。哈撒比斯和DeepMind另

第5章 英国

一位创业者谢恩·莱格在伦敦大学学院的生命科学系的盖茨比计算神经科学小组里相识,随后一起创业。

2014年,谷歌公司收购DeepMind之后,依然把后者总部设在伦敦,并和牛津大学展开合作,随后7位深度学习领域的专家加入研发团队,和DeepMind团队一起研发出了AlphaGo。

2017年1月,英国政府发布《现代工业战略》,提出将增加47亿英镑的研发资金用于人工智能、智能能源技术、机器人技术和5G等领域。

2017年10月,英国政府发布了指导其人工智能发展的纲领性文件——《在英国发展人工智能》报告,该报告作为英国政府2017年《政府产业战略指导》白皮书的一部分,对英国人工智能的应用、市场和政策支持进行了分析,从数据获取、人才培养、研究转化和行业发展等多方面提出了促进人工智能产业发展的建议。

2018年4月,英国政府发布了《产业战略:人工智能领域行动》战略文件,针对2017年10月发布的《在英国发展人工智能》中提及的"人工智能与数据经济"挑战,就推动政府和公司研发、教育投资、数字基础设施、人才和领导全球数字道德交流等方面内容制定了具体的行动措施。

5.1 在英国发展人工智能

2017年10月,英国政府发布了名为《在英国发展人工智能》的战略文件,明确了英国政府的愿景是让英国成为世界上人工智能商业发展和部署最好的国家,从起步、发展到繁荣,逐步收获技术红利。为了确保人工智能的革命性科技创新能够释放其许诺的潜力,英国政府、学术界和产业界应该做好以下四个方面的工作:

(1)提高数据可获取性。数据是人工智能产业发展的核心,应加强数据的开放性,提高机器可读性以及平衡数据的隐私和开放,从而增强人工智能领域的信任。例如,政府应确保由公共资助的研究以机器可读的格式发布基础数据,并提供明确的权利信息,尽可能开放。

(2)提高人才技能。培养人工智能的人才是人工智能产业发展的核心问题,其中既包含人工智能领域的专业学术、研发人才,也包含未来人工智能行业中大量的低技能劳动力。政府应当为其创造多元的技能培训计划,并且提高全民的科技素养。

(3)加速应用和商品化。英国已经有顶级的人工智能研究土壤,为了研究的快速应用,政府应当为人工智能研究及其技术转移铺平道路,加速人工智能商品化,如推动艾伦图灵研究所成为国家级人工智能和数据科学研究所。

(4)推动产业发展。为了释放人工智能带来的经济潜力,政府需要帮助行业降低合作壁垒,打通学术界与企业界,推进人工智能行业的发展与应用。例如,设立英国人工智能委员会帮助协调和发展英国人工智能应用,艾伦图灵研究所应制定一个框架来解释人工智能提供的程序、服务和决策,以提高透明度和问责制。

5.2 产业战略:人工智能领域行动

2018年4月,英国政府发布《产业战略:人工智能领域行动》,提出五方面具体举措。

(1)各界联手打造世界最创新的经济。政府行动包括:拨付3亿英镑资助与数据科学和人工智能相关的研究,拨款8300万英镑资助159项人工智能提案,拨款4200万英镑资助艾伦图灵研究所建设,投资930万英镑开发极端环境中的机器人,设立2000万英镑的政府创新基金鼓励科技企业向政府提供创新性人工智能解决方案。业界行动包括:投资6900万英镑支持极端环境中的机器人与人工智能开发,并预期至少投资1200万英镑支持下一代服务产业战略等。

(2)为人工智能提供工作岗位和高收入。政府行动包括:设立全球图灵奖学金计划以吸引并留住最优秀的人工智能科研人才,培养更多的人工智能及相关学科博士,投资4.06亿英镑用于人工智能相关技能发展,修订移民法规以吸引全球最优秀的人才,使应届高技能学生能更快就业,简化国际研究人员雇佣的手续,政府将与人工智能理事会合作提升人工智能多样化研究基础和员工的重要性;业界行动包括:增加人工智能员工的数量,与英国一流大学合作设立业界资助的人工智能硕士项目,评估新设立的硕士转换课程的潜在作用,通过 EPSRC 博士培训中心为博士生提供 6000 万英镑的资助,支持面向人工智能的图灵奖学金计划,推出了面向 18 岁以下人群的试点项目以鼓励其思考未来的人工智能职业生涯。

(3)升级基础设施。政府行动包括:发布更高质量的公共数据且具备机器学习适用的格式,设立地理空间委员会以决定如何更好地改进广大用户对地理空间数据的访问,为数据共享和使用提供法律保障,艾伦图灵研究所将与信息委员办公室合作开发指南来为人工智能决策提供解释与公私部门的主要数据持有者及数据科学社区合作确定数据共享的障碍,与业界合作探索安全公平的数据传输的框架与机制,实现 95% 的超快速宽带覆盖率,为 5G 移动网开发和全光纤宽带铺设提供 10 亿英镑以上的投资以打造下一代数字基础设施。业界行动包括:制定可互操作且尽可能开放的数据标准,参与数据共享框架开发,提供公开数据用例以便在框架试运行时进行安全共享等,提供具备竞争力的全光纤和 5G 网络。

(4)打造最佳的创业环境。政府行动包括:制定人工智能支持政策,设立人工智能理事会以监督实施并为政府提供建议,成立新的人工智能办公室与人工智能理事会合作促进人工智能战略实施,向全球推广英国的人工智能,加强对英国人工智能企业出口和投资的支持,吸引全球顶尖的人工智能和数据企业在英国设立总部,改善包括人工智能在内的高增长企业的环境,未来 10 年将向高速增长的企业投放超过 70 亿英镑的新投资。业界行动包括:参与人工智能理事会为人工智能评审建议,与政府就数据伦理等众多人工智能相关问题合作,促进人工智能在英国和全球的发展,发展生态系统,促进英国的人工智能贸易并吸引投资。

(5)建设遍布英国的繁荣社区。政府行动包括:与关键集群密切合作提供人工智能企业所需的支持,投资 10 亿英镑建设下一代数字基础设施以确保全英的数字连接,与各地区的数字孵化中心合作帮助实施数字政策并确定新兴技术的政策需求。业界行动包括:采取行动扩展英国的人工智能集群,如英国电信与阿尔斯特大学合作投资 2900 万英镑建设人工智能研发集群以吸引和留住业界工程师与大学研究人员,领先的半导体商 IQE 与卡迪夫大学合作投资 3800 万英镑建设化合物半导体设施以制造人工智能高性能组件等。

第 6 章 加拿大

加拿大人工智能的学术氛围强、产业化程度高。

2017 年 1 月,加拿大政府成立了名为"创新加拿大"的新部门,旨在统筹协调加拿大人工智能等创新型企业。

2017 年 3 月,加拿大政府发布了《泛加拿大人工智能战略》,政府计划拨款 1.25 亿加元支持人工智能研究及人才培养,由加拿大高等研究院具体负责,在埃德蒙顿、蒙特利尔和多伦多建立科学卓越中心,建立加拿大在人工智能经济、伦理、政策和法律研究等领域的全球思想领导地位。该战略主要是一个研究及人才战略。相关的投资、数据和隐私或技能开发等配套措施,加拿大政府也在同步推进。

2019 年 05 月,加拿大高等研究院宣布进一步扩大实施加拿大人工智能首席科学家计划,将该计划下首席科学家人数从 2018 年 12 月宣布的 29 名增加到 46 名。作为泛加拿大人工智能战略的重要组成部分,该计划的目标是吸引世界领先的人工智能研究人员,并为他们提供长期专项经费,提升加拿大在人工智能研究和人才培养方面的国际地位。

加拿大的人工智能大师们

杰弗里·辛顿(Geoffrey Hinton),被称为"神经网络之父",出生于英国温布尔登,获得爱丁堡大学人工智能的博士学位,现为多伦多大学特聘教授、向量学院首席科学顾问,是加拿大建设成为全球顶尖人工智能中心的核心力量之一。2012 年,辛顿获得了加拿大基廉奖(Killam Prizes,有"加拿大诺贝尔奖"之称的国家最

杰弗里·辛顿

高科学奖)。2013年,辛顿加入谷歌公司并带领一个人工智能团队,将神经网络带入到研究与应用的热潮,将深度学习从边缘课题变成了谷歌等互联网巨头仰赖的核心技术,并将反向传播算法应用到神经网络与深度学习。据传,1987年,因为对当时美国里根政府外交政策的厌恶以及对美国军方投资科研的本能警惕,辛顿从卡耐基梅隆大学愤而出走到加拿大多伦多大学任教。当时,辛顿在卡耐基梅隆大学办公室门上贴了一枚特制的硬币,硬币上边的"In God We Trust"(我们信仰上帝)改成了"In DoD We Trust"(我们唯美国国防部是从),对美国国防部干涉大学科研的讽刺意味跃然币上。辛顿从美国的这次出走,可以说是人工智能发展史上最重要的转折点之一。在加拿大高等研究院并不丰厚但稳定的资金支持下,辛顿在多伦多大学默默耕耘了数十年,为加拿大乃至全世界培育了一批杰出的人工智能研究者,包括Facebook人工智能研究院院长严恩·乐库(Yann Lecun)等。

尤舒·本吉奥

尤舒·本吉奥(Yoshua Bengio),被誉为"深度学习之父",加拿大蒙特利尔大学计算机科学系教授、加拿大皇家学院及加拿大高等研究院院士,在2017年获得了代表加拿大公民最高荣誉的"加拿大总督功勋奖",创建了蒙特利尔学习算法研究所并担任主任,2017年初成为微软的人工智能研究顾问。本吉奥迄今仍然坚守在加拿大人工智能科研、教学一线岗位上。本吉奥从20世纪80年代大学时就开始把深度学习作为主攻方向,数十年如一日贡献了大量的著作成果。其提出的深度学习架构、循环神经网络、对抗算法、表征学习等影响和启发了后来的大量研究者,对近年来深度学习的崛起和发展起到了巨大的推动作用。此外,本吉奥还推动了加拿大人工智能的产业化,2016年底,他作为联合创始人创建了人工智能创业孵化器"人工智能元素",鼓励研究者和企业家一同创立人工智能公司,将人工智能技术融入各行各业。"人工智能元素"已帮助数百位来自蒙特利尔大学和麦吉尔大学的研究人员完成了从科研技术到应用产品的转化,也帮助初创公司的企业家迅速进入人工智能领域。

理查德·沙顿(Richard Sutton),被称为"强化学习之父",自2003年起供职于阿尔伯塔大学,创建并主持阿尔伯塔大学机器智能研究院的工作。自1979年以来,沙顿就一直在开发和推广强化学习,为该领域做出了许多重大贡献,包括时间差分学习、策略梯度方法等。无独有偶,沙顿教授也是因为反感美国小布什政府外交政策(伊拉克战争等)而移居到加拿大。

理查德·沙顿

他的几名学生博士毕业后做了个产品叫阿尔法狗,然后引发了这一轮世界人工智能热潮。

拥有实力如此雄厚的人工智能大师团队,难怪加拿大政府在其官方网站上有底气说自己是人工智能领域的领导者。正如我们清华老校长梅贻琦在就职演讲中提出"所谓大学者,非谓有大楼之谓也,有大师之谓也",正是由于拥有人工智能三大导师及其庞大的团队支撑,加拿大这样一个人口规模不大的国家居然可以拥有近百个人工智能重点实验室、近千家人工智能初创企业。苹果、微软、三星、谷歌、Facebook、优步、英特尔、汤森路透和亚马逊都在加拿大设立了人工智能研发中心。

6.1 泛加拿大人工智能战略

2017年3月,加拿大总理特鲁多公布《泛加拿大人工智能战略》,计划拨款1.25亿加元支持人工智能研究及人才培养。加拿大的人工智能战略与其他国家的战略有很大不同,因为它主要是一个研究及人才战略。该战略提出的新兴人工智能机构、加拿大高等研究院人工智能首席科学家及国家人工智能计划都旨在提高加拿大作为人工智能研究和培训领导者的国际形象。

该战略包含四个目标:一是增加人工智能研究者、毕业生数量;二是创建三个卓越的科学团体;三是培养理解人工智能经济、道德、政策和法律含义的思想领袖;四是支持专注于人工智能的国家研究团体。

该战略由加拿大高等研究院具体负责,重点支持加拿大三大人工智能研究机构——阿尔伯塔大学机器智能研究院、蒙特利尔大学学习算法研究院和多伦多大学向量研究院的发展,并实施人工智能首席科学家计划,在五年内拨款8650万加元,为每位科学家提供100万加元的经费,支持他们开展卓越研究并培养下一代人工智能领导者。首席科学家的产生需经过严格的审核流程,候选人必须由上述三大人工智能研究机构提名,由国际科学咨询委员会审核并提出建议人选,由加拿大高等研究院董事会确定。人工智能首席科学家由来自世界各地著名大学、研究机构以及巨头科技公司的科学家和工程师组成,包括斯坦福大学、普林斯顿大学、法国国家科学研究中心以及谷歌、微软、Facebook等。

与该战略配套,联邦政府承诺从2017—2022年开展"创新超级集群计划",并提供9.5亿加元经费。温哥华地区是另一个在人工智能领域有潜力的加拿大城市,拥有超过100家人工智能初创企业。该地区拥有不列颠哥伦比亚大学和西蒙·弗雷泽大学,还有几家由跨国科技公司和早期风险投资者支持的科技孵化器/加速器。

第7章 法　　国

法国在人工智能发展大潮流中属于后发的强劲队伍行列。尽管缺乏像美国和中国那样庞大的市场、资金和人才队伍，法国政府努力在政策、资金方面加大对机器人、人工智能的扶持，先后吸引了Facebook、谷歌等企业在法国设立了人工智能实验室或中心。

2013年3月，法国政府跟随欧盟的机器人研发计划推出了《法国机器人发展计划》，旨在推动机器人产业持续发展，力争到2020年成为世界机器人领域前五强。

世界著名企业在法国设立的人工智能实验室（中心）

得益于法国浪漫的氛围，以及法国政府良好的人工智能政策，各大企业纷纷在法国设立人工智能实验室或中心。

2015年6月，Facebook在巴黎设立人工智能实验室，打造能够理清海量数据的更聪明的机器，并在全球范围内招募优秀的科研人员。Facebook的另外两个人工智能实验室分别位于纽约和硅谷的门洛帕克。2018年1月，Facebook顺应法国人工智能战略，宣布将法国实验室的投资规模扩大至目前的3倍，计划在2022年前投入1000万欧元。这将使Facebook巴黎人工智能实验室的研究人员和工程师的数量增加1倍，通过奖学金资助的学生数量也会增加1倍。

2018年3月，DeepMind在巴黎设立人工智能实验室，将重点关注人工智能基础研究，其中包括能够让单个人工智能系统学会执行多种不同任务的先进方法，以及分布式机器学习的基础算法突破。

2018年6月，法国标致雪铁龙集团（PSA）与法国国家信息与自动化研究所（Inria）宣布合作建立OpenLab实验室，致力于研发人工智能。实验室研究领域将包括自动驾驶汽车、智能汽车、移动出行服务、制造工艺、设计开发工具、设计、数字营销以及质量管理和财务管理。

2019年2月,微软在位于巴黎近郊伊西莱穆利诺市的微软工程中心成立微软人工智能全球发展中心,旨在为微软的全球用户与合作伙伴提供人工智能解决方案等,该人工智能全球发展中心已吸引了来自全球各地的100余名工程师。

2017年3月,法国奥朗德政府制定了《法国人工智能战略》,提出50多项人工智能的具体发展政策:完善科研成果商业化机制、培养领军企业、扶持新兴企业、加大公私合作、寻求大量公私资金资助、给予国家政策倾斜并建立专门执行机构等,确保法国保持领先地位。

2018年3月,法国总统马克龙公布了《法国人工智能开发计划》,又称为"十五亿欧元计划",将重点结合医疗、汽车、能源、金融、航天等法国较有优势的行业来研发人工智能技术,到2020年将投资15亿欧元用于开发人工智能研究,为法国人工智能技术研发创造更好的综合环境。同月,法国国防部部长公布了法国军方"人工智能与创新路线图"。按照路线图,法国将设立创新防务实验室,用于监控本领域内的最新进展并向初创公司开放。目前,已被法国国防部认定有潜在应用价值的人工智能技术有自动图像识别、电子战、协同作战、自主导航机器人、网络安全、预见性维护和指挥决策支持等。

2019年4月,按照《法国人工智能开发计划》,法国高等教育、研究与创新部宣布将在巴黎、格勒诺布尔、尼斯和图卢兹设立4所"人工智能跨学科研究院",主题涉及健康、环境、能源、交通等领域。4所研究院的冠名期限为4年。它们将得到来自政府、公私合作伙伴等共计2.25亿欧元的资金支持。

7.1 法国人工智能战略

2019年3月,由17个工作组耗时2个月通过深入调研医疗健康、自动驾驶和交通出行等人工智能密切相关行业撰写的《法国人工智能战略》于21日上报给法国总统奥朗德。该战略提出了"以人为本、迎接人工智能时代"的理念,通过让广大国民了解、信任、认可并适应人工智能技术,进而为人工智能发展打下良好的群众基础。该战略要求各级政府部门制定相应措施,支持人工智能应用落地,对公务员开展专项培训,意在帮助他们成为应用人工智能的先锋。在基础教育中,则鼓励人工智能进课堂,数字教育从娃娃抓起,从小学就开始设置相关课程。同时,法国在全国范围内将地区性公共机构转变为实验场所,开拓人工智能技术在服务领域应用的入口。

该战略确定了政府的首要任务,重点是在尊重隐私和道德的基础上开发法国人工智能模型。该战略的主要内容包括三个方面:一是引导人工智能前沿技术研发,培育后备力量。如发起长期资助计划、"人工智能+X"(相关领域)合作计划、建设大型科研基础设施、新建法国人工智能中心、设立领军人才计划、普及人工智能知识等。二是促进人工智能技术向其他经济领域转化,充分创造经济价值。如设立技术转化项目与奖金、设立人工智能公共服务项目、建设云数据共享平台及数据和软件等资源集成与展示平台、设立投资基金和人工智能基金会、推动人工智能在智能汽车及金融投资等领域应用、扶持人工智能在安全及监测异常行为等冷门研究方向的新创企业、共同起草人工智能研发路线图等。三是结合经济、社会与国家安全问题考虑人工智能发展。如开发自主集成软件平台、数据存储与处理平台、自动学习技术平台、网络安全平台等,预见人工智能对社会尤其是就业的影响,评估人工智能对现有工作任务的替代性等。

7.2 法国人工智能开发计划

2018年3月,法国总统马克龙在巴黎举行的"人类的人工智能"峰会结束时,公布了法国将在人工智能研究、训练和产业领域成为全球领先者的"十五亿欧元计划"。该计划在很大程度上借鉴了法国著名数学家兼埃松省2017年底向法国政府提交的《有意义的人工智能:走向法国和欧洲战略》报告中的建议。该计划从人才培养、数据开放、资金扶持及伦理建设等方面入手,力求将法国打造成在人工智能研发方面足以和美国与中国抗衡的世界一流强国。

（1）培养学科人才、建设良好科研生态。将人工智能领域的学士、硕士到博士以及短期职业培训学生的数量增加 1 倍，并提供相应资金支持；为加强产学研结合，允许公共科研人员将一半的工作时间投入到私人机构中，大大超出原来只能投入五分之一的规定；由法国国家信息与自动化研究所牵头，加强法国高等院校中已存在的人工智能研究所的合作，并迅速和图卢兹、格勒诺布尔等地的神经网络研究机构拓展合作；吸引世界顶尖企业在法国建立人工智能研发中心。

（2）推动公共数据开放和私营部门数据共享。落实公共部门数据的高水平开放，并开放医疗、交通等行业在公共基金资助基础上获得的数据，以用于符合公共利益的科研工作；按行业划分建设公私部门数据分享平台，提高数据分享和合作的意识，在强调做好个人数据保护的基础上，支持私人企业开放和交流数据的要求。

（3）以法德合作为核心，联手推动欧盟制定人工智能发展规则和行业标准。马克龙明确表示，如果法德在人工智能方面各自为战，中国和美国就会成为赢家，因此他希望法德共同推动和制订规则、标准，并在欧盟层面创造新的规则和实施框架；他强调，创造欧洲标准化的能力才是欧盟数字战略的核心内容，而不仅仅是创造一个涵盖欧盟 27 国的共同市场。

（4）加强法国对人工智能行业的资金扶持。未来数年内，法国将投入 15 亿欧元的公共资金以及 5 亿多欧元的私人部门投资，用于建立世界顶级的人工智能研发中心；总计 100 亿欧元的法国创新与工业基金中，4 亿欧元将用于资助跟人工智能相关的工业项目；法国经济部等部门会在未来数月内拨出 1 亿欧元鼓励人工智能中小企业发展，法国公共投资银行今后每年将提供 7000 万欧元投资，以鼓励"深科技"初创企业发展；此外，法国在 2024 年之前还将投入 8 亿多欧元用于跟人工智能发展密切相关的纳电子学的发展。

（5）探索解答人工智能发展带来的伦理性和政治性问题。马克龙认为，关于人工智能的算法研究与民主相关，将在人工智能领域成立一种类似政府间气候变化专门委员会的机构，通过这种专业、独立的国际机构来就包括人工智能在内的科技发展的趋势进行独立讨论。

2018 年 11 月，法国教研部长与数字化国务秘书介绍了法国国家人工智能开发计划的六大实施重点。

(1)建设国家人工智能研究网络。由法国信息领域最重要的国立科研机构——国家信息与自动化研究所牵头协调,建设 4～5 家人工智能跨领域研究所,形成研究网络。人工智能跨领域研究所是依托一个大学或公共科研机构,整合产学研合作伙伴的人工智能核心团队,联合形成的网络化专题研究机构,由国家、公共合作机构与合作企业各自承担三分之一的经费,约 1 亿欧元。各机构参与人员的人事关系归属原单位,但需在人工智能跨领域研究所投入 50% 以上的工作时间。该计划目前已预选出 4 家机构,主要聚焦人工智能在经济、社会发展重点领域的应用:①格勒诺布尔—阿尔卑斯大学,应用于健康、环境与能源领域;②蔚蓝海岸大学联盟,应用于健康与领土规划;③巴黎人工智能研究所,应用于健康、交通与环境领域;④图卢兹南部比利牛斯联合大学,应用于交通、环境与健康领域。

(2)引进并培养人工智能人才。为了解决法国人工智能高级人才外流美国,人工智能硕士以上学历学生数量不足等问题,法国将从 2019 年开始,设立人工智能人才吸引计划,由法国国家科研署引进 40 名国内或海外的优秀人才进入法国公共实验室开展相关研究。同时,法国将通过联合培养博士机制,由企业和公共实验室以 1∶1 的比例联合资助人工智能博士生,将博士生数量由每年 250 名增加至 500 名。人工智能跨领域研究所每年也将培养 300 名博士生。

(3)增加人工智能竞争性项目资助。2018—2022 年,法国将通过法国国家科研署投入 1 亿欧元支持人工智能研究,主要支持人工智能核心技术的前沿研究,如算法、机器学习、知识获取等,及其在健康、生物学、气候、交通、食品与安全等方面的应用研究。2018 年,科研署已投入 2700 万欧元支持了 61 个相关项目。

(4)提高服务于人工智能的计算能力。2018—2022 年,法国将与欧盟委员会共同投入 1.7 亿欧元,用于加强与人工智能相关的计算能力。法国国家计算中心在 2019 年初在巴黎建成一台可服务于人工智能的高性能超级计算机,其计算能力将超过每秒一万万亿次。法国也将积极投入欧盟高性能超级计算机(EuroHPC)项目,联合建造每秒运算 100 艾次(10^{18} 次)的超级计算机。此外,法国国家计算中心将向科研界开放计算资源,从 2019 年起开通申请通道,允许科研机构共享大数据和算法资源。法国将为此匹配 2500 万欧元经费。

(5)增加对现有人工智能产学研联合机构的支持。法国建设有企业联合实验室、卡诺研究所、技术研究院等产学研联合机构,这些机构中均有一定比例开展以人工智能为主的研究,法国将在未来4年为这些从事人工智能研究的已有机构投入6500万欧元专项经费。

(6)与德国共同制定欧洲人工智能战略。法国将加强与德国在人工智能领域的合作,并与德国一起推动欧盟委员会制定欧洲人工智能战略。

第8章 新加坡

新加坡同样希望凭借人工智能跻身数字化强国之列。

2017年5月,新加坡政府发布《新加坡人工智能战略》,这是一项历时五年、投资1.11亿美元的国家计划,旨在增强新加坡的人工智能技术实力:向人工智能研究的下一个浪潮投资、解决主要的社会和经济挑战、扩大人工智能技术在工业界的采纳和使用程度。该项目参与机构包括国家研究基金会、智能国家和数字政府办公室、经济发展委员会、信息通信媒体发展局、综合卫生信息系统等新加坡政府部门,此外还汇集了新加坡诸多研究机构、人工智能初创企业和公司。

2018年6月,新加坡政府宣布《人工智能治理和道德的三个新倡议》。同月,在通讯及新闻部成立人工智能和数据道德使用咨询委员会,协助政府制定人工智能道德标准和治理框架。

2018年12月,新加坡资讯通信媒体发展管理局发布《新加坡技术转型路线图报告》,报告明确指出前沿科技的四大重点应用领域:人工智能和数据科学、网络安全、虚拟现实和沉浸式媒体,以及物联网和未来通信技术设施。

2019年1月23日,新加坡通讯及新闻部部长易华仁在瑞士达沃斯世界经济论坛上宣布推出人工智能监管模式框架,并将开展公共咨询活动,供企业试用并提出反馈。该框架主要从内部监管、人工智能抉择的风险管理、营运管理、消费者关系管理四个方面拟定对企业的指导原则及措施,并坚持两个关键主导原则:一是协助企业确保以人工智能做出的抉择能有合乎解释的依据、具透明度,并且对消费者公平;二是确保人工智能的使用做到以人为本。

中国和新加坡积极开展人工智能领域合作

中国与新加坡的企业和大学在人工智能领域正在加强合作,新加坡在高质量研究方面拥有良好口碑，中国则在加速引入人工智能并拥有海量数据，两国联手可实现优势互补。

2019年2月，中国阿里巴巴集团与新加坡南洋理工大学联合成立研究机构，共同开发利用人工智能技术的新服务、新系统，双方共派出约50名研究人员，每年将投入庞大的研发预算。阿里巴巴集团首席技术官张建锋表示，阿里将与南洋理工大学研究人员展开合作，在医疗、住宅和城市交通等领域开发基于人工智能的高效新技术和服务，据悉，该机构也是阿里巴巴集团在海外的首个联合研究机构。

新加坡提供世界最快的人工智能专利申请授权渠道

2019年4月，新加坡知识产权局宣布将启动"人工智能专利优先计划"，该计划将缩短人工智能相关专利申请授权周期至6个月，该举措将使新加坡成为全球最快的人工智能专利授权国家。该计划将加快新加坡向数字经济转型升级的速度，支持创新型企业将人工智能产品快速推向全球市场。与原先两年或两年以上的申请授权周期相比，创新者有望实现在6个月内获得人工智能相关专利授权。

新加坡知识产权局局长邓鸿森表示，人工智能已经成为全球技术和社会发展的最大驱动力之一，也将不断坚定新加坡建立数字经济的信心和动力。"人工智能专利优先计划"将为人工智能创新者提供更快速的保护，体现了新加坡促进人工智能创新产品快速走向世界的承诺。该计划也将推广适用于新加坡以外的人工智能创新者，允许他们将新加坡作为基地，快速获取经济效益，并将增强新加坡作为尖端科技领域知识产权中心的地位。

"人工智能专利优先计划"的发布，是新加坡庆祝2019年世界知识产权日"知识产权和体育"主题的体现。创新活动使人工智能解决方案普遍应用于更广泛的领域，包括生产制造、金融和商业服务、城市交通、物流和医疗健康领域。人工智能技术也促进了体育运动的发展，通过可穿戴技术开展训练并提高运动员的表现，使球迷可以通过聊天机器人参与到体育运动中。除人工智能专利优先计划以外，新加坡知识产权局也汇总了一系列规划,旨在提高公众对于知识产权的认识,使公众了解知识产权无处不在。

英国罗尔斯·罗伊斯公司和新加坡联合运用人工智能技术优化发动机维护

2019年7月,英国著名的航空发动机公司罗尔斯·罗伊斯公司与新加坡国防科技署合作开发和应用新的人工智能技术,优化新加坡空军C-130运输机、G550预警机和A330多用途加油机发动机的维护工作。双方将利用人工智能技术分析图像和视频,减少发动机维护时间和费用。双方合作的重点是利用机器视觉技术,即利用人工智能分析图像和视频技术,服务于发动机孔探。使用人工智能自动执行此过程可以提高孔探的效率和性能。根据该协议,两家机构将共同开发和测试一种解决方案,以改进孔探检查程序。

8.1 新加坡人工智能战略

2018年6月,新加坡总理办公室下属的国家研究基金会宣布新加坡人工智能战略,将在5年内投资1.17亿美元发展新加坡的人工智能技术。战略希望将人工智能研究机构、创业公司以及相关产业公司汇集到一起,共同增长知识储备,开发先进研究工具,并且培育科技人才,以增强新加坡的人工智能实力。

战略的四个关键倡议如下:

(1)基础人工智能研究,投资那些能为《新加坡人工智能战略》其他支柱做出贡献的科学研究。

(2)重大挑战,支持那些能为新加坡和世界面临的主要挑战提供创新解决方案的多学科团队的工作。聚焦于健康、城市方案和金融。

(3)100个实验项目,投资可扩展到工业界问题中的人工智能解决方案。

(4)人工智能学徒期,历时9个月,将在新加坡培养新一批人工智能人才。

战略的三个重要举措如下:

（1）利用人工智能来解决社会和工业界所面临的重大挑战。人工智能可用于在交通高峰时段合理调配，提升交通的吞吐量；或者处理人口老龄化带来的健康医疗问题。人工智能会在疾病的预防、诊断、治疗，药物的管理、研发等方面扮演重要角色。而医院的医疗人员在人工智能的辅助之下，也可以更好地解决未来日益增长的医疗需求。

（2）投资人工智能深层能力以抓住下一波科技创新浪潮。科技创新浪潮包括：拥有更多人类学习能力的下一代可解释的人工智能系统，以及如计算架构和认知科学等相关技术。为了支持相关的科学活动，国家研究基金会将开设相关奖学金，此外还会启动相应的研究员资助计划。在发展人工智能深层能力的过程中，本国的人工智能人才也将得到锻炼。

（3）拓展人工智能及机器学习在工业领域的应用。战略将会联合众多公司，利用人工智能来提高生产力、研发新产品，并为产品从实验室走向市场提供解决方案。战略将发布100个有实际应用意义并能迅速为终端客户解决现实问题的人工智能项目。国家研究基金会已在财务、医疗以及城市管理等行业中看到了人工智能的应用潜力，因此相应的合作将首先围绕这些行业开展。

第 9 章 阿联酋

阿联酋对人工智能也非常重视,希望借助人工智能做好迎接"后石油时代"的准备。

2014年10月,阿联酋政府发布了《阿联酋国家创新战略》,旨在7年内使阿联酋成为世界上最具创新的国家之一,涉及30项国家级举措,将在3年内完成,包括新的立法、创新孵化器、对专业技能的投资、私营部门鼓励措施、国际研究伙伴关系、政府内部的创新驱动等。在该战略指引下,阿联酋政府加大了对人工智能的投资。

梦幻的迪拜

帆船酒店

印象中迪拜有全球唯一的七星级帆船酒店。然而,在近年来阿联酋政府的人工智能政策指引下,这个石油之都逐渐成为人工智能的天堂。据2019年3月14日《海湾消息报》报道,迪拜2015—2018年在人工智能等高科技领域吸引外国直接投资总量达216亿美元,居全球之首。其中,最大投资来源地为欧盟和美国,投资额分别为57亿美元和39亿美元。预计到2030年,人工智能对全球经济增长贡献率将达45%。其中,阿联酋将增长33.5%,系阿拉伯国家中最高,沙特、埃及分别为31.3%和25.5%。

2016年7月,阿联酋政府宣布实施"迪拜未来加速器",由迪拜未来基金会具体运营,旨在建立来自世界各地的科技公司与迪拜各政府部门和机构的联系,共同创造革新性的解决方案。主要涵盖以下内容:

(1)迪拜市政。通过使用人工智能技术及早发现并有效监控公共卫生危害;通过使用人工智能技术保证地理划分的准确性;通过使用人工智能和区块链技术建立能够判断食品安全时限的整体系统;通过使用人工智能及其他现代化技术手段减少安全事故发生率。

(2)迪拜警察局。将人工智能技术与现行的系统和数据库相整合,提高决策效率,缩短应对紧急情况的时间。

(3)迪拜健康局。通过人工智能技术增加患者警惕性、预防性及自我管理疾病的能力。

(4)迪拜知识和人力发展局。通过智能监管,建立预测型教育机构,为21世纪未来岗位培养人才。

(5)迪拜水电局。通过使用人工智能、无人机、能量储存、区块链、物联网等技术,更新现行的水电供应模式。

(6)迪拜道路交通局。通过如无线充电、车联网等新兴技术的应用,为自动化驾驶和电动交通的试验和运营开发可持续的、整合的基础设施;为骑行者和行人提供革新的系统;引入新型建筑施工方式和材料,为道路交通基础设施建设缩短时间、降低成本、减少对交通的影响;使用数字技术提高车流效率。

(7)迪拜居民及外事理事会。全面落实人工智能技术,实现智能通关、电子自动预检,实现通关的全无人操作。

(8)智慧迪拜管理局。通过行为推动,使政府数字服务使用率提升25%;在政府ERP系统上使用物联网技术管理存货,节省30%的时间和人力。

(9) 电信运营商。通过机器学习、大数据等的应用,从高层管理层到服务终端,客户服务质量提升30%。

(10) 迪拜经济局。通过物联网的应用,使监管迪拜企业的效率提升25%。

事实上,现在迪拜已拥有世界第一个人工智能机器人警察,用于街道巡逻,并计划在2030年前将机器人警察占总警力的比例提升至25%。此外,迪拜同时引入了"自动化驾驶战略",计划在2030年前,将25%的交通工具转换为自动驾驶。2019年2月,迪拜宣布将于2020年世博会之前实施由人工智能驱动的综合交通系统,可对交通流量进行智能预测和管理。

2016年9月,全球首个无人驾驶公交车线路在迪拜开通试运营,并免费供乘客乘坐。

2017年3月,阿联酋政府宣布启动"阿联酋2071百年计划",计划在2021年发行最后一笔纸币交易后,就完全实行数字化管理。到2117年要在火星上建立宜居都市。

2017年10月,阿联酋政府任命年仅27岁的奥马尔·苏丹成为阿联酋首届人工智能国务部长。随后不久,阿联酋政府发布了《阿联酋人工智能战略》,作为"阿联酋2071百年计划"的一部分,旨在通过建立整合的智能数字平台,应对挑战提供更高效的解决方案,从各方面提升政府绩效。阿联酋政府目标是在2031年前,通过人工智能战略使政府收入增加35%,政府开支减少50%,将应对金融危机的抵御能力提升至90%,在政府服务和数字分析的各层面全面落实人工智能技术。该战略覆盖多个领域,包括:交通运输领域,减少事故率、缓解交通拥堵、降低运营成本;健康领域,减少慢性病和危险疾病发病率;航天领域,推动开展正确的科学实验,减少高额成本错误率;可再生能源领域,管理公共事业部门设备;水资源领域,开展供水分析研究;科技领域,提升生产力、降低总成本;教育领域,降低成本、加强民众受教育意愿;环境领域,增加绿化率。

2018年3月,阿联酋内阁组建"阿联酋人工智能委员会",由阿联酋人工智能国务部长任主席,成员由联邦通信管理局、内阁事务和未来部以及各酋长国电子政务或智能城市部门负责人组成,以确保人工智能技术广泛应用于阿联酋各个领域。

2018年7月,阿联酋同印度签署合作文件,在人工智能领域建立战略伙伴关系,加强在研发、投资、初创企业方面的务实合作,阿印携手将创造200亿美元的人工智能合作规模。

阿联酋人工智能研究院

2018年初,阿联酋在首都阿布扎比成立了国家级人工智能研究院。英国东安格利亚大学计算机视觉教授邵岭为该研究院的负责人。目前该学院已经吸引接近100位来自世界著名大学(包括清华大学、牛津大学、剑桥大学、麻省理工学院、苏黎世联邦理工学院、纽约大学、南洋理工大学、澳大利亚国立大学、谢菲尔德大学等)人工智能领域的全职研究人员。

阿联酋人工智能研究院拥有世界领先的硬件计算资源,包括由超过100台NVIDIA DGX-1 GPU服务器和大量CPU服务器支持的超级计算机集群。同时,研究院拥有丰富的、涵盖多个领域的真实大数据资源,如医疗大数据、视频大数据、城市交通大数据等,可有力支撑人工智能的研究并加速人工智能在各行业的落地。

该学院坐落于阿联酋首都阿布扎比市中心环球市场大楼,周围设施齐全,豪华酒店、商务娱乐设施随处可见,终年阳光明媚,海滩环绕。

阿联酋人工智能研究院

第 10 章 芬　　兰

芬兰通过打造免费的全民人工智能教育平台等措施,提高国民人工智能素养并推动产业应用发展。

2017年12月,芬兰经济事务与就业部发布《芬兰的人工智能时代》,提出要把芬兰变成世界领先的人工智能应用国家。该报告调查了芬兰在人工智能方面的优势和劣势,并提出了将芬兰转变为人工智能应用领域的全球领导者的八个建议。主要举措包括建立芬兰人工智能中心、人工智能加速器试点项目,以及将人工智能融入公共服务中。

芬兰的免费全民人工智能教育

芬兰具有世界领先的科技实力,在全球科技实力排名中,芬兰位居第六名,全球创新指数芬兰排在第二位。在20项关键科技领域中,有17项排名全球前十,其科技水平始终位于世界前列。芬兰诞生了诺基亚、通力电梯、瓦锡兰等世界一流工业企业,以及愤怒的小鸟、部落冲突等新兴手游企业。

2017年,芬兰经济事务与就业部发布《芬兰的人工智能时代》后,芬兰政府发起了"人工智能挑战"计划,使芬兰全国掀起了学习人工智能的热潮。首先要在全国1%的人口(约5.5万人)中普及人工智能基础知识,并进一步推广。

该计划课程向所有人免费开放,从大学课程开始,现在已经推广到全国范围。课程内容涵盖人工智能基本知识与用途,注重理论知识与实际练习相结合,学习者不需要具备复杂的数学与编程知识。目前,该课程在全球已经吸纳13万注册学员,瑞典也计划和芬兰开展合作。截至2018年12月中旬,已有超过1万人毕业,其中包括芬兰境外至少4000人。芬兰250多家公司还承诺用该课程培训部分或全部员工。

作为面向全民的人工智能运动,"人工智能挑战"计划成为芬兰实施人工智能战略的重要内容和抓手。一些参加培训的民众已经从中尝到了甜头。例如,一位59岁的芬兰牙科医生,一年前还对诸如机器学习、神经网络这样的术语一无所知,参加课程后,她利用学习到的编程基础知识,研究如何将人工智能应用于日常工作,如帮助撰写医学摘要等,人工智能成功用于提高牙医工作素养。

芬兰作为人口小国,特别是欧盟数据保护条例生效后,更是制约了芬兰获得数据的便利性。但芬兰决定扬长补短,利用其移动通信基础设施发达、人口素质高、创新气氛浓厚等优势,以开展免费全民人工智能教育为抓手,推动人工智能商业化应用。据报道,芬兰正在将人工智能应用于波罗的海无人驾驶货船和沿岸国家的数字基础设施等方面,有望在不久后投入商业化应用。

2018年6月,芬兰经济事务与就业部发布《人工智能时代的工作》,提出了28项政策建议,涉及未来工作的四个方面:增长和就业、劳动力市场、学习和技能,以及道德规范。该报告认为,与早期自动化浪潮带来的劳动力变革相比,人工智能不仅会影响体力劳动岗位,也会影响专业性很强的工作岗位如、律师、医疗人员等。未来10年,芬兰约15%的工作岗位将被人工智能取代。

芬兰发掘人工智能廉价劳动力——监狱囚犯

2019年3月,芬兰刑事制裁机构办公室开始与人工智能公司Vainu合作,雇佣三座芬兰监狱的囚犯来进行数据分类。Vainu向这些监狱提供计算机,并为囚犯完成的每项任务支付费用。大约有100名囚犯参与了这项工作,每天工作几小时。

据悉,芬兰刑事制裁机构办公室已经与Vainu签订了年度合同,未来有望推广到芬兰的更多监狱。因为,该工作只需要一台计算机便可以完成,没有涉及危险的工具,基本不会带来暴力冲突的风险。另外,该工作更符合现代生活的工作模式,寓教于做,可以教授囚犯人工智能科技的相关知识,赋予他们狱后工作的能力,有助于囚犯日后找到新的生活,是一项双赢的合作。

10.1 芬兰的人工智能时代

2017年12月,芬兰经济事务与就业部历时7个月发布了《芬兰的人工智能时代》。该报告指出,人工智能将在未来一些年革新运输、工业、卫生和劳动等,芬兰成为这种转变中的领先国家已具备很多卓越优势。2017年,11个发达国家人工智能对经济增长的影响排名显示,芬兰位居第二,仅次于美国。

该报告提出了芬兰迈入人工智能时代的愿景:今后5年内,人工智能将成为芬兰人日常生活的一个活跃部分,芬兰将在整个社会内充分利用人工智能,并成为可产生人工智能时代中全球最佳服务的安全民主的社会。为此,该报告提出以下八项关键行动建议。

(1)通过利用人工智能增强企业竞争力。在能源、卫生护理、运输产业等人工智能强相关领域,必须创建企业驱动的具有国际标准的人工智能创新生态系统。由国家技术创新局和"创新芬兰"公司于2018年1月合并而成的"商业芬兰"有限公司要设定人工智能、数字经济和平台经济类项目;芬兰科学院要开放最佳搜索服务;企业和研究机构等为利用人工智能而提供商业驱动的创新生态系统;"商业芬兰"公司要为"数字学院"项目提供创新券,芬兰贸易协会、芬兰企业联合会、芬兰技术产业联合会、经济事务与就业部等积极开展"数字学院"项目,并与各大城市组织人工智能挑战巡展。

(2)利用所有行业数据。丰富并积累各种数据资源,必须对数据可用性创立清晰的立法框架,这种立法要扩大到欧盟层面,各部委和地方政府负责特殊的数据源。开放专用的数据收集和利用平台"MyData"为公民所用,运输与通信部负责该平台,三个数据利用项目要开放数据;民政与卫生部、运输与通信部和其他部委、财政部与人口注册中心,以及芬兰国家研发基金和"商业芬兰"等要在数据转化为产品方面做出示范。

(3)加速并简化全社会采用人工智能的进程。10~15家芬兰企业提供数据并资助一个人工智能创业加速器;2~3所芬兰大学或研究机构与其他机构合作,开发新的人工智能技术;独立的科学计算与信息技术中心将创造信息安全的试验环境,具有计算和存储能力。同时,"商业芬兰"公司和国家技术研究中心也参与上述活动。研究机构、相关部委和开展人工智能示范项目的公司要创造人工智能领域的免费试验环境。

(4)确保世界领先的人工智能专长并吸引顶级专家。芬兰教育与文化部、经济与就业部要创建人工智能应用型基础研究卓越中心,各大学和职业教育要提供广泛的人工智能方面的教育和培训,设立人工智能硕士学位;芬兰移民服务局等有关部委将开展工作,吸引和引进国际人工智能专家。

(5)大胆自信的决策与投资。芬兰教育与文化部、经济与就业部等相关部委、芬兰科学院和产研机构等从2019年起将增加1亿欧元资助创新,促进各行业使用人工智能技术,以及企业驱动的人工智能生态系统和战略项目。

(6)建设全球最佳的公共服务。芬兰财政部与移民局及其他相关部委将利用人工智能,提供不受时间和地点限制的公共行政管理服务;财政部与人口注册中心在考虑数据保护的同时,要在需要时提供高质量数字服务,使各种数据一起发挥作用。

(7)建成多种合作新模式。芬兰总理办公室、相关部委、研究机构和商业机构等要改革公私合作伙伴现有模式,发起跨行业的人工智能合作网络,分享和提供经验教训,演示最佳实践活动。

(8)芬兰将引领欧洲人工智能议程的起草工作。芬兰外交部和负责欧洲政策定位的部委要积极参加欧盟的各种人工智能开发活动,并影响欧洲委员会的工作计划,通过强调自身优势而提高知名度。

第11章 丹　麦

丹麦政府一直积极进行人工智能的战略部署。

2016年5月,丹麦政府发布《2016—2020年的数字战略:更强大、更安全的数字丹麦》,对人工智能产业进行了布局。

2018年1月,丹麦政府发布《丹麦数字技术增长战略》,旨在推动人工智能、大数据、物联网的发展,使丹麦成为数字革命的领导者,为所有丹麦人创造财富。丹麦政府也在加大对人工智能产业的投入,2018年政府对人工智能行业拨款1100万美元,并宣布在之后每年拨款1900万美元,总体为2025年计划投入10亿丹麦克朗(1亿5000万美元)。该战略包括三个目标:使丹麦企业成为最善于利用数字技术的企业;具备实现业务数字化转型的最佳条件;确保每个丹麦人都具备必要的数字技术进行竞争。该战略提出38项举措,包括创建"丹麦数字枢纽中心""中小企业:数字技术计划"和促进数字技术的全国性倡议等。

2019年3月,丹麦政府在"数字峰会"上发布了《人工智能国家战略》(以下简称《战略》),旨在将丹麦发展成为负责任地开发和使用人工智能的领跑国家,使丹麦公民、企业和社会都能从人工智能中获益。该战略涵盖了丹麦发展和使用人工智能的愿景、发展目标、聚焦方向以及具体举措等内容。《战略》包括四项发展目标:将以人为中心作为人工智能发展的道德基础;加强人工智能技术的研究和开发;企业应当通过开发和应用人工智能促进自身发展;公共部门利用人工智能提供世界一流的服务。《战略》包括四项聚焦方向:构建人工智能负责任的基础;确保数量更多和质量更优的数据;强大的能力和新知识;增加人工智能投资。该战略提出加大医疗等专门领域的投资、企业加强投资力度、探索与欧盟签订投资协议、加大人工智能在公共服务中的投资、培育可持续发展的环境等举措。

丹麦在中国发布人工智能供热管控系统

2019年5月,在天津举办的第三届世界智能大会期间,来自丹麦的综合供热解决方案供应机构丹佛斯集团,正式在中国发布Leanheat AI供热管控系统,该系统已应用于天津中新生态城人工智能供热控制方案试点项目。丹麦集中供热覆盖了64%的家庭,是绿色转型中的重要部分。作为需求驱动型能源供应国家,丹麦所有家庭都安装了中控调节装置和热量计量装置,以满足24小时不同时段的供热需求。

据悉,该系统最初由芬兰专家团队于2011年投入研发,并在2014年投入到区域供应中。经过5年12代的优化迭代,已经日臻完善,并在欧洲市场有了成熟广泛的应用,全球2300多个换热站处于Leanheat AI的控制下。该系统应用了人工智能、窄带物联网、云计算等领先技术,作为供热行业基于人工智能平台的区域供热解决方案,可以实现对整个热力管网的最优控制。在2018—2019年采暖季,该系统在天津区域内试点控制的9个换热站和15个二次侧网回路,服务了1054户家庭,覆盖50多万平方米。初步的精细控制达到平均室温22℃,节能率达到了22%,峰值负荷降低23%,实现了经济、环境和社会价值。经过前期的试点、小批量现场项目的验证,已经具备了在中国大范围实际应用的条件。

第 12 章 欧　　盟

欧盟近年来不断发布文件推动人工智能发展,并要抢先制定人工智能国际法律法规,走在了世界的前列。

2014年6月,欧盟委员会发布了《2014—2020欧洲机器人技术战略》报告以及《地平线2020战略——机器人多年发展战略图》,欧盟委员会与欧洲机器人协会联合180家研发机构及企业共同启动全球最大的民用机器人研发计划"SPARC",到2020年欧盟委员会将投资7亿欧元,欧洲机器人协会将投资21亿欧元推动机器人研发,旨在促进机器人行业和供应链建设,并将先进机器人技术的应用范围拓展到海、陆、空、农业、健康、救援等诸多领域,以扩大机器人技术对社会和经济的有利影响,提高生产力,减少资源浪费,希望在2020年欧洲能够占到世界机器人技术市场的42%以上,以此保持欧洲在世界的领先地位。

2016年5月,欧盟议会法律事务委员会发布《对欧盟机器人民事法律规则委员会的建议草案》,认为人工智能机器人也受法律约束,必须依法缴税,同时可以享有养老金。同年10月,欧盟发布《欧盟机器人民事法律规则》,积极探讨人工智能的法律、伦理、责任问题,建议欧盟成立监管机器人和人工智能的专门机构,制定人工智能伦理准则,赋予自助机器人法律地位,明确人工智能知识产权等。

2017年10月,欧盟理事会要求欧盟委员会提出欧洲人工智能发展方略。为此,欧盟委员会在建立数字单一市场的大背景下,在盘点欧洲人工智能领域投资及成果的基础上,提出签署《人工智能合作宣言》。

2018年4月,欧盟委员会发布政策文件《欧盟人工智能》,提出欧洲人工智能的三大发展目标,即增强欧盟人工智能技术与产业能力、为迎接社会经济变革做好准备、确立合适的伦理和法律框架。并提出四项举措:促进人工智能在欧洲的发展和推广；促进人工智能教育和培训体系升级；对传统的体制和政策工具进行现代化改造；确保以人为本的人工智能发展路径。

2018年4月，欧洲25个国家签署了《人工智能合作宣言》，希望通过加强协调，确保欧洲人工智能研发的竞争力，共同面对人工智能在社会、经济、伦理及法律等方面的机遇和挑战。签署《人工智能宣言》的国家包括奥地利、比利时、保加利亚、捷克、丹麦、爱沙尼亚、芬兰、法国、德国、匈牙利、爱尔兰、意大利、拉脱维亚、立陶宛、卢森堡、马耳他、荷兰、波兰、葡萄牙、斯洛伐克、斯洛文尼亚、西班牙、瑞典、英国、挪威。

2019年4月，欧盟委员会发布人工智能伦理准则，邀请企业、研究机构和政府机构对该准则实行阶段进行测试。该准则核心内容是由两部分组成的"可信赖的人工智能"：一是应尊重基本人权、规章制度、核心原则及价值观；二是应在技术上安全可靠，避免因技术不足而造成无意的伤害。"可信赖的人工智能"有七个关键条件，即人的能动性和监督能力、安全性、隐私数据管理、透明度、包容性、社会福祉、问责机制，以确保人工智能足够安全可靠。

欧盟入境检查试用人工智能测谎

2018年11月，欧盟边境检查站试用人工智能测谎，匈牙利、拉脱维亚和希腊边境开始试用一套名为iBorderCtrl的系统，这套系统由人工智能边境检查员提供入境检查服务。

首先，旅行者在过境前可以先通过系统在线上传护照、签证和资金证明，并使用网络摄像头回答人工智能提出的问题。通过初步的检查和测谎，旅客会被标记为低风险或高风险。到了实际过关时，低风险的旅行者只需要通过安全检查和简短的信息评估，如向人工智能回答出行李箱里的物件。旅行者通过人工智能测谎则可以获得通过边境的QR码。但被标记为高风险的旅行者，需要边境人员通过手持设备进行检查，并再次核对证件、指纹信息等，重新评估风险，通过了人工检查才能顺利过关。

通过人工智能测谎的筛选，需要人工检查的旅客将减少，可以提高边境检查工作的效率。这套服务系统的前提是建立相应数据库，系统需收集性别和各个种族、语言的数据并进行个性化的测谎定制。

因为计划处于测试阶段,iBorderCtrl 团队的测试样本较小,人工智能边境检查员的测谎正确率约为76%。团队人员称,有信心很快把正确率提高到85%。但对于边境安全政策来说,这个正确率还远远不够。毕竟过境人数庞大,即使只是1%的失误都是巨大的安全隐患。

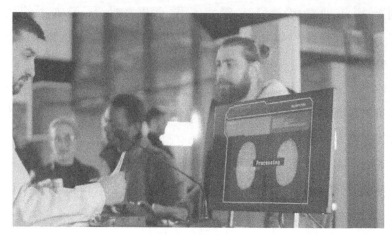

人工智能测谎

12.1 欧盟人工智能

2018年4月,欧盟委员会向欧洲议会、欧盟理事会、欧洲理事会、欧洲经济与社会委员会及地区委员会提交了题为《欧盟人工智能》的报告,描述了欧盟在国际人工智能竞争中的地位,并制定了欧盟人工智能行动计划,提出三大目标。

目标一:增强欧盟人工智能技术与产业能力。欧盟需要增进投资,以加强基础研究、实现科学突破,升级人工智能科研基础设施,开发针对医疗、交通等关键部门的人工智能应用,促进人工智能的应用及数据的获取。同时,通过公私合作增加人工智能研发投资,到2020年整个欧盟的投资至少应达到200亿欧元,并力求在接下来10年每年投资尽力超过200亿欧元。2018—2020年,欧盟委员会将投资15亿欧元用于发展人工智能。①人工智能技术研究与创新,以加强欧洲的产业领导力和科学优势,支持能解决医疗、交通、农产品等领域社会挑战的人工智能应用开发,并通过欧洲创新理事会的试点项目支持突破与市场开创。②加强人工智能研究卓越中心建设。③通过针对潜在用户的措施在欧洲推广人工智能应用,重点关注中小企业、非科技企业和公共行政部门,包括:创建一个支撑性的按需人工智能平台,方便最新算法与专业知识的获取;开发一个以人工智能为核心的数字创新中枢,促进测试与实验;创立产业数据平台,提供高质量数据集。

目标二:为迎接社会经济变革做好准备。2018 年,为支持成员国的劳动力与教育政策,欧盟委员会采取多项措施。①制定人工智能培训计划,汇集企业、工会、高等教育机构和公共机构,以应对可能被自动化取代的职业,欧洲社会基金将为此提供支持;②收集详细的分析与专家意见,预测欧盟劳动力市场的变化和相应的技能是否匹配,为欧盟、各国和地区的决策提供支持;③支持数字机遇培训生计划,促进学生的数字技能发展;④通过数字技能与就业联盟、商业—教育合作等措施,吸引并留住更多的人工智能人才,促进持续合作;⑤促进社会参与,探索人工智能及其对经济与就业的影响,包括人工智能工作中多元化与性别平等的重要性。

目标三:确立合适的伦理和法律框架。①在 2018 年底前,与欧洲科学和新技术伦理小组合作,设立一个面向利益相关方和专家——欧洲人工智能联盟的框架,以开发人工智能伦理指南草案,并充分考虑基本权利。②在 2019 年年中前,根据技术发展状况,发布关于产品责任指令解释的指导性文件,确保消费者和生产者在面对缺陷产品时的法律明确性。③在 2019 年年中前,发布一份关于人工智能、物联网和机器人的更广泛影响、潜在差距与方向、责任与安全框架的报告。④2018—2019 年,支持与可解释人工智能开发,以及欧洲议会提案的算法意识建设试点项目实施相关的研究,采集证据,针对自动化决策带来的挑战(包括偏见与歧视)进行政策响应。⑤支持各国与欧盟的消费者组织与数据保护监管当局在欧洲消费者咨询小组与欧洲数据保护委员会的协助下,建立对人工智能驱动的应用的理解。

该文件给出了欧盟人工智能发展的四项具体举措。

举措一:促进人工智能在欧洲的发展和推广。人工智能需要欧盟决策者的全力支持才能蓬勃发展。一是增加对数据的访问和获取以支持人工智能系统。

监管方案的设计应有利于整个欧洲大陆数据的收集、使用和共享,同时保证"一般数据保护条例"(GDPR)所规定的最高个人数据保护标准。在遵守竞争法的前提下,欧盟委员会还可以促进欧洲公司之间共享数据资产。二是实施基础设施投资并为人工智能设定有利的监管框架。新法规应开放投资,为人工智能提供所需的关键基础设施,即电信基础设施和高性能计算设施等。新提出的电信代码旨在激励对超高速宽带连接和无线5G技术的投资,15个欧盟成员国已签署协议,支持欧盟委员会建立多政府合作框架,以部署下一代超级计算基础设施。三是促进人工智能中心的发展和人工智能研究的进步。创新生态系统通过融合补充技能和资源,将研究人员和私人投资者聚集在一起。欧盟委员会从2016—2020年每年投资1亿欧元,在欧盟各个业务领域创建数字创新中心,这笔资金中的很大一部分将用以支持人工智能创新。四是支持创建欧洲人工智能平台。平台可以发挥咨询机构的作用,汇集来自多个部门的不同利益相关方,从而识别人工智能的发展瓶颈,并为公共政策提供建议,促进欧洲人工智能技术的发展。

举措二:关注个体以建立人工智能技能并培训用户。一是培养具有人工智能专业技术的员工队伍。培养机器学习和数据专家成为重中之重,同时应提升传统行业中传统工作的信息技术技能和数据素养。二是以欧洲倡议为基础,建立下一代人工智能人才。欧盟委员会的战略围绕2016年的"新技能议程",其中包括旨在帮助成年人克服数字文盲的技能保障措施。三是创造适应力和独立性,人工智能战略需要一种自下而上的方法,为社会成员提供必要的工具来安全地驾驭新的数字方式。人工智能带来的定制服务和海量数据,使个人可以获取准确契合其需要的商品和服务。人工智能的潜在风险或不利因素不仅可以通过自上而下的监管来解决,也可以通过用户的自我措施来解决。

举措三:对传统的体制和政策工具进行现代化改造。一是解决市场扭曲和权力不对称问题。欧盟委员会将采取一系列举措,包括GDPR条例和数字单一市场战略,具体如电子隐私条例、对数字商品和服务的消费者保护、禁止地理封锁等。二是采取有效的竞争政策。并购控制、反垄断和国家援助规则的适当实施,可以防止市场扭曲和避免在数字价值链中形成瓶颈。竞争政策有助于那些为客户提供创新和最佳服务的企业获得市场奖励,竞争将降低企业通过算法歧视来剥夺用户价值的能力。

举措四:确保以人为本的人工智能发展路径。一是监控并定期报告人工智能技术的发展。在欧盟层面发展复杂的统计指标,以量化所有形式的人工智能技术的应用,由此可以围绕相关领域探讨有效的公共政策。二是引入社会系统分析。不同学科的研究人员和专家、政府和企业代表,应通过不同层面的分析,来评估人工智能技术对不同社区的社会和经济影响。应评估偏倚算法的潜在影响和歧视性做法的影响,评估结果与纠正性监管措施应告知公众。三是定义人工智能质量标准。包括算法流程的透明度级别与使用人工智能技术不产生偏见的义务,同时满足设计合法与人机回环原则。

此外,根据该文件,欧盟将通过促进和参与与其他地区的多边对话,在全球层面上发挥领导作用,推动用统一方法来界定人工智能发展的基本原则。例如,应该宣布起草一份"人工智能宪章",其中应包括限制向专制政权或可能侵犯人权的行为开发或售卖人工智能技术,禁止将人工智能技术用于部署自动化致命武器等原则。

第13章 印　　度

在人工智能的博弈上，没有哪个国家甘愿落后。印度塔塔咨询(TCS)、威普罗(Wipro)、印孚瑟斯(Infosys)这三大巨头代表着印度强大的信息技术外包产业，在印度雇佣了数百万技术人员，至今都在为跨国银行、制造业巨头、跨国科技公司提供着信息服务。这种庞大的人员数量优势，构成了印度人工智能发展的重要基石。特别是在莫迪总理上台后，不断大力推动科技创新与发展，重点发展人工智能的实用性。

2018年2月，印度总理莫迪要求中央各个部门成立专门的人工智能小组，研究印度社会经济各方面人工智能的发展。例如，印度国防部成立了由17人组成的人工智能工作组，旨在将人工智能充分用到军事领域，着手开发用于未来战争的人工智能动力武器和监视系统，以提高印度的防御和进攻作战能力。其重点研究方向包括模拟演习和训练、网络安全、航空安全以及发展致命性自主武器系统、无人监视技术、智能和侦察技术等。

普华永道发布《2018印度人工智能报告》

2018年2月，普华永道印度分公司发布《2018印度人工智能报告》。报告调查结果表明，在印度60%参与者认为人工智能可以帮助促进社会事业，并使人类过上更充实的生活。其中包括刺激经济增长，增强全球健康和福祉，改善网络安全并提高教育效率。人们希望他们与数字助理的互动从便利驱动扩展到处理诸如教师或顾问等重大责任的角度。业务决策者认为人工智能支持的解决方案，如机器学习、虚拟私人助理、决策支持系统、自动化数据分析师等将对其未来的业务产生重大影响。大多数(75%)的商业决策者会选择纯粹的人工智能顾问或者人工智能和人力顾问的组合来做出他们的晋升决定。

当谈到个人健康检查(77%)和教育(61%)时,参与者仍然倾向于人类专家的参与。类似的情绪也与人工智能运行客户服务相关的潜在人体触动损失相呼应。

2018年2月,印度财政部部长阿伦·贾伊特利在做年度预算报告时称:"由于数字空间尖端科技的发展,全球经济正在转变为数字经济——机器学习、人工智能、物联网、3D打印等。为此,印度国家研究院将开始一项国家项目以指导我们的国家在人工智能领域的发展,包括其应用的研究和开发。"

2018年6月,历时4个月,印度国家研究院向印度政府提交了《印度国家人工智能战略》报告,该战略将人工智能应用重点放在健康护理、农业、教育、智慧城市和基础建设与智能交通五大领域上,以构建"人工智能卓越研究中心"(CORE)与"国际人工智能转型中心"(ICTAI)为基础,投资科学研究,鼓励技能培训,加快人工智能在整个产业链中的应用,最终实现将印度打造为人工智能发展模本的宏伟蓝图。

印度开挂式外包产业

很多人都有调侃印度开挂的习惯,印象中,影视作品中印度火车往往都是挂满了人。正是印度开挂式的精神,使得印度每年承接了全球服务外包市场近一半的业务,其中印度软件外包业务约占全球软件外包市场的三分之二。因此印度被称为世界办公室。可能上一秒印度人还挂在火车上奔波,但下一秒就化身程序员开挂编程。

印度外包产业主要经历了四个阶段:第一阶段是20世纪90年代初到1998年,服务外包业务主要集中在为大型金融、保险等公司提供数据录入、呼叫中心等后台服务;第二阶段是1998—2000年,后台服务范围延伸,部分前台业务也陆续转移到印度;第三阶段是2000—2004年,外包业务领域扩张,从简单录入转到高端研发、分析功能,服务外包内容呈复杂化和高端化;第四阶段是2005年至今,随着政府进一步加大对软件和服务外包的支持,印度外包承接商开始并购欧美公司,业务渠道趋于成熟。

目前，印度全国有40多个城市开展了软件和服务外包业务，班加罗尔、钦奈、海德拉巴、新德里、孟买、普纳等城市是印度软件和服务外包的领先城市，业务收入占据了整个行业规模的90%以上，其中班加罗尔产业规模占印度整个行业的36%。随着产业规模的扩大，二线城市软件和服务外包产业人数占整个产业从业人员的比重将会迅速上升。

在此背景下，印度在商业零售、医疗服务、金融服务、人力资源等领域涌现了一批人工智能创业公司。

（1）消费行业大数据分析平台Manthan，成立于2003年，为消费类企业提供基于人工智能的零售数据分析服务。目前公司在21个国家拥有170个客户，包括杂货店、便利店和时尚公司，为它们提供所有企业都关注的库存、定价、促销、营销和客户定位等数据分析服务。

（2）私人助理服务平台Haptik，成立于2013年，为消费者、服务公司和企业提供定制化的聊天机器人服务。目前该公司的合作伙伴和客户不仅包括印度本地的电子商务和消费品牌企业，还包括Goibibo、Uber、HDFC Life、可口可乐、三星、亚马逊等大型公司。

（3）人力资源服务提供商EdGE Networks，成立于2012年，为企业提供基于人工智能的自动化招聘服务。该公司的人工智能技术使企业筛选入围候选人的时间缩短了58%，从推荐到招聘的转换率达到了28%。该系统还根据员工档案优化任务分配，设置必要技能的学习路径、标记离职风险、预测供需及其他功能。

13.1 印度人工智能战略

2018年6月，印度发布《国家人工智能战略》，主题是"所有人的人工智能"，指明了印度人工智能产业的未来发展方向，平衡经济收益和社会影响，为更大的人群服务，目标直指第三世界人工智能的巨大市场。

该战略主要关注五个方面：一是医疗，即致力于增加医疗渠道的同时提高可负担的医疗质量；二是农业，提高农民收入，增加农业生产率并且减少浪费；

三是教育,拓宽受教育途径,提高教育质量;四是智慧城市与基础设施建设,为迅速增长的城市人口提高效率并提升连通性;五是智能通信与交通,为信息通信创造更为智能与安全的模式,更好地处理交通与拥堵问题。

该战略提供了30多项政策建议,以投资于科学研究,鼓励技能再培训和训练,加快在整个价值链中采用人工智能,并促进人工智能方面的道德、隐私和安全。

此外,该战略还重点关注以下两个领域:

(1)军事与安全,战略明确提出了关注国家安全,并将印度建设为人工智能发达经济体的领袖之一。印度国防部专门成立了人工智能军事应用小组,研究如何更大程度地将人工智能技术应用于印度武装力量。印度国防部还建立了一个平台来鼓励更多的初创公司参加到国防工业当中,称作"国防卓越创新"。印度工业和商业部长尼尔马拉·西沙拉曼强调,必须重视人工智能以及其他先进技术的发展,以使得印度军队对未来战争有所准备。战略认为人工智能在军事领域的应用将会帮助印度拥有该地区的绝对优势。

(2)道德与隐私,战略建议在每个"人工智能卓越研究中心"与"国际人工智能转型中心"建立一个道德委员会联合会,制定有关隐私、安全和道德的行业特定准则,以帮助弥合从业者和人工智能开发者之间的差距,并为知识产权授权当局、司法和法庭进行适当的培训。并创建一个国家人工智能市场,以增加市场发现和减少收集数据的时间和成本。

第 14 章 韩　　国

韩国以人工智能制造业为抓手,不断发展和培养人工智能技术及人才。

2016 年 3 月,韩国政府宣布人工智能大脑计划,旨在破译大脑的功能和机制,开发用于集成脑成像的新型技术和工具,并宣布了在人工智能领域投资 30 亿美元的五年计划。

2016 年 8 月,韩国政府确定九大国家战略项目,包括人工智能、无人驾驶技术、轻型材料、智慧城市、虚拟现实、精细粉末、碳资源、精密医疗和新型配药。其中,人工智能是最重要的一个战略项目,韩国政府目标是在 2026 年前将人工智能企业数量提升至 1000 家,培养 3600 名专业人才,力争 10 年后韩国人工智能技术水平赶超发达国家。

2018 年 7 月,韩国第四次工业革命委员会在举行的第六次会议上,审议通过了《人工智能研发战略》,包括人才、技术和基础设施三方面内容,计划在 2020 年前新设 6 所人工智能研究生院,推动人工智能技术发展,追赶人工智能世界强国。韩国政府还规定韩国大学必须开设人工智能相关课程。政府发布了应用人工智能的急诊服务等大型公共特色项目。

2019 年 6 月,韩国总统文在寅宣布"制造业复兴计划":以智能化、生态友好型和融合方式创新产业结构;以创新产业取代传统产业;以挑战为中心重组产业生态系统;强化政府在支持投资和创新方面的作用。其中包括到 2030 年,韩国将建成两千家"人工智能工厂"。文在寅表示,人工智能已经成为中国、美国、日本等主要国家的"必争之地",并将成为引领第四次产业革命的重要利器,韩国政府在 2019 年推出首份国家级顶层人工智能发展战略。韩国政府将积极开放政府数据,由此建立数据中心,以支持基于人工智能的服务,并促进关键软件、机器人、传感器和设备等智能制造设施的发展。

韩国企业运用人工智能面试

2019年8月,据中央网信办报道,人工智能面试技术正在韩国企业招聘市场获得关注和认同。已经有700余家韩国企业采用或试用了该技术,业界预期,年末有超过1000家企业使用。人工智能面试为面试者和用人企业提供了方便,公平性高,有助于弥补人工面试的不足。

现阶段的人工智能面试服务主要通过电脑平台进行,大体包括自我介绍、提问、电脑游戏等环节。面试者通过自我介绍、选择题和自由发挥等题目与系统互动,之后还要完成专门设计的电脑游戏,以在放松的环境中接受对其潜质和能力的评估。人工智能系统将识别被面试者的表情、声音和互动内容,为面试者的各项指标打分。系统将对得分进行比较和评估,据此向用人企业推荐。

韩国教育市场掀起人工智能应用热潮

2019年,韩国教育行业呈现出人工智能应用热潮。

韩国通信企业KT与大桥公司联手推出了人工智能童话服务"英文原声童话",如果儿童朗读英文原书内容,KT的人工智能音响"GiGA Genie"会播放音响效果及登场人物的台词。如果其他企业能够运用这一功能,不仅能够提高儿童对外语的亲密程度,也可以培养他们对童话书籍的兴趣。

韩国SK电讯也联手英语教育企业尹老师,运用自主研发的人工智能音响"NUGU",开发出了双向式英语学习课程。儿童可以向音响发出"尹老师,给我听童话故事"类似的指令,音响就会播放相关的内容。在播放完毕之后,音响会自动向孩子提问,如果回答有误,音响还会自动进行调节,重新询问简单的问题,实现双向性英语学习。LG U+和Naver开发的人工智能音响取得合作,为儿童提供了与原语民进行英文对话的服务,在儿童出现错误的时候,音响会指出问题,从而提高儿童的英语口语能力。

韩国 CJHello 与 Hansol 教育合作进行儿童专用数字教育平台的开发项目，近日双方已经签署了业务合作协议，共同进行针对婴幼儿的智能型教育 OTT（互联网视频服务）项目开发。首先，CJHello 将在上半年完成英语教育程序"FINDEN ENGLISH"的"Viewing Kids"的开发，并且向 Hansol 教育的会员们提供专用 OTT 服务。Viewing Kids 主要提供 1000 多集 Hansol 教育制作的有线电视节目"神奇的国家 TV"和指导类节目等基于电视的对话型家庭学习服务。未来，双方会将服务推广至神奇的韩文国家、神奇的数学国家等领域，此外，双方还会对大数据、人工智能基础的教育解决方案及诊断系统进行升级。

韩国人工智能教育创业企业 OAE 教育联手智能教育学会，进军中国人工智能数学教育服务市场。2018 年，OAE 教育在中国教育市场中推出了"人工智能数学学习平台"之后，打入了中国市场，在中国取得了产学教育项目的成果。

第15章 德 国

作为老牌工业强国,德国人工智能发展与工业密不可分。

2013年,德国联邦政府正式将工业4.0列入了国家层面的《新高科技战略—德国创新》中,工业4.0的研究重点包括人机交互、网络物理系统、云计算、计算机识别、智能服务、数字网络、微电子与大数据、网络安全、高性能计算等方面。这些技术与人工智能息息相关。

2016年10月,德国研究与创新专家委员会发布了年度研究报告,建议政府制定机器人相关战略。

2017年9月,联邦教研部启动了名为"学习系统"的人工智能平台,计划通过该平台提高工作效率和生活品质,促进经济、交通和能源供应等领域的可持续发展。

2018年7月,德国内阁通过了由联邦经济与能源部、教育与研究部和劳动与社会部共同编制的德国人工智能战略要点,提出德国应当成为全球领先的人工智能科研场,并将研究成果广泛而迅速地转化为应用。当前亟须采取的措施包括:为人工智能相关重点领域的研发和创新转化提供资助;优先为德国人工智能领域专家提高经济收益;同法国合作建设的人工智能竞争力中心要尽快完成并实现互联互通;设置专业门类的竞争力中心;加强人工智能基础设施建设等。

工业4.0

工业4.0是德国政府提出的一个高科技战略计划,指利用网络实物系统(CPS)将生产中的供应、制造、销售信息数据化、智慧化,最后达到快速、有效、个性化的产品供应。目的在于提高制造业的智能化水平,建立具有适应性、资源效率及人因工程学的智慧工厂,在商业流程及价值流程中整合客户及商业伙伴。之所以被称为工业4.0，主要相对于前三次工业革命而言：工业1.0指的是18世纪开始的第一次工业革命，实现了机械生产代替手工劳动；第二次工业革命始于20世纪初，依靠生产线实现批量生产；工业3.0则为现代人所熟悉，指的是20世纪70年代后，依靠电子系统和信息技术实现生产自动化。

工业4.0最初是由德国联邦教研部与联邦经济技术部联手资助的研究项目，在德国工程院、弗劳恩霍夫协会、西门子公司等德国学术界和产业界的建议和推动下形成，并已上升为国家级战略。工业4.0直接缘于2008年金融危机导致的经济危机。当时德国提出，工程和制造业等核心行业要做出改变，变得更有效率，才能够渡过金融危机。讨论阶段历时3年，2011年在德国汉诺威工业博览会上正式推出。工业4.0报告是2011年公布的，在数百个公司里进行了广泛讨论，定期在工业4.0平台上彼此分享经验，逐渐发展完善。

事实上，德国的核心竞争优势就是其工业和制造业。无论是质量还是技术，德国制造在全世界范围都是优秀的代名词。德国70%左右的制造业产品都出口到世界各地。也正是因为提出工业4.0，在经济危机中，德国经济才能保持稳定性。

在工业4.0战略指引下，德国政府确立了以德国研究与创新专家委员会、创新对话机制和高科技战略专家委员会(又称高科技平台)为基础的三大专家咨询机构。2006年成立的德国研究与创新专家委员会是由6位在科研和创新政策方面顶尖的德国学者组成，每年向政府提供有关德国研究、创新和技术生产方面的研究报告，人工智能战略就是由该委员会建议提出。2008年成立的创新对话机制依托于德国国家科学与工程院，是联邦政府(联邦总理、经济部长、教育和研究部长)与商界和学界的对话平台。2015年成立的高科技战略专家委员会，为德国联邦政府的创新和科技政策提供咨询以及具体的实施建议，该委员会每年举行三次会议，并撰写与高科技政策相关的研究报告。

第 15 章 德国

2018年12月,德国联邦政府在纽伦堡举行的数字化高峰会议上正式发布《德国人工智能战略》。一是全面考量了人工智能对社会各领域的影响。为了提升国家竞争力,德国政府将建立由12个人工智能研究中心组成的全国创新网络,并在相关领域增加至少100个教授职位,在大学中推广人工智能。德国还将和法国一起打造人工智能创新集群,每年至少给1000家公司提供培训。在增加政府预算的同时,也会广泛吸引社会资本的参与。德国将通过广泛的社会对话,在道德、法律、文化等方面将其纳入社会,确保数据保护领域的合规。为此,联邦政府会和数据保护监管机构及商业协会召开圆桌会议,共同制定人工智能系统的应用准则和相关法律,保护个人和企业的数据安全。二是定量分析了人工智能在制造业领域的经济效益。德国长久以来都以制造业立国,在这方面有着深厚的积累。在人工智能时代,它也希望继续保持自己在制造业方面的世界领先地位。因此,德国政府对人工智能和制造业的相关性进行了专项研究,并发布了多项定量指标。三是重视人工智能在中小企业中的应用。德国将为中小企业在数字技术和商业模式方面提供支持,助其为人工智能时代做好准备。

15.1 德国人工智能战略

2018年12月,德国正式对外发布德国人工智能战略,口号是打造人工智能德国制造,提出了联邦政府发展人工智能技术的三大核心目标、让德国和欧洲成为人工智能技术发展的领先地区、负责任地以公共利益为导向发展和应用人工智能,促进人工智能在伦理、法律、文化和制度方面与社会全面融入。

该战略包含了12个行动领域。

(1)加强德国和欧洲在此领域的研究,为创新提供动力。想要实现这一点,需要在德国建立一个具有国际竞争力的、强大的、能够动态调整的、灵活的、广泛的和跨学科的人工智能生态系统。优秀的研究工作、一流的专家以及对创新友好的环境是实现这一点的核心要素。

(2)创新竞赛和欧洲创新集群。有针对性的人工智能竞赛旨在创造自由的空间,以激发颠覆性思想,寻找新的应用、解决方案和商业模式,促进创业公司的成立,吸引人才,及早发现未来发展趋势,并能够从各个方向上接受多学科发展的冲击。

(3) 向商业转化,以增强中型企业的实力。对于各种规模的公司,不管是创业公司、中小企业,还是大型企业,联邦政府都将重点关注那些能够有效转化为商业实力的举措。这些举措不仅能够让这些公司可以使用人工智能应用,而且还能够让它们开发人工智能应用,并将其整合到业务流程中。

(4) 扶持新产业,并引领它们走向成功。对于那些基于人工智能商业或产品的创业公司,联邦政府将出台新的举措促进其发展。基于人工智能且处于增长阶段的商业模式往往是资本密集型的,所以这里的关键点是,要增加其获取风险投资的能力。为此,联邦政府将为相关投资者制定具体的激励措施,并鼓励和促进从研究中创造更多的衍生产品。

(5) 重塑和改革劳动力市场。人工智能的使用将从根本上改变许多人的日常生活。通过国家继续教育战略,联邦政府将采取各种措施为所有处在变革中的雇员提供职业发展支持。联邦政府将同时从个人、公司以及更高的国家、国际视角进行观察,将促进、分析、评估和批判性地使用人工智能。

(6) 加强职业培训,吸引熟练劳动力/专家。联邦政府将采取所有的可能措施来改善人工智能在德国的整体发展环境,并且鼓励支持联邦的各个州采取类似措施。需要公众,尤其是年轻人,增加对人工智能的理解;需要对不同阶段的(初始、继续和未来)培训内容有更多的想法。为了吸引和留住科学家,德国需要一个更有吸引力的研究和教学环境,需要在大学设置更多的讲席。

(7) 使用人工智能进行行政管理。为发挥先锋带头作用,联邦政府将会在行政管理中率先使用人工智能,并将为公民提供更快、更好和更有效的行政服务。

(8) 提供可用数据,并促进数据的使用。通过各种举措,联邦政府将大幅增加可用的、高质量的数据,以便德国能够在人工智能上保持世界领先地位。同时在这一过程中,个人权利,包括信息自决权和其他基本权利都不会受到侵犯。

(9) 采取监管框架。如有必要,联邦政府将对基于算法和人工智能的决策、服务和产品等进行审查,并调整相应的法律框架。这类举措用于防止偏见,歧视,操纵和其他滥用的出现。

(10) 标准制定。出于国家责任的需要,联邦政府将和人工智能领域的业务代表进行合作,通过国家标准组织德国技术标准/德国电工委员会(DIN/DKE)在国家、欧洲和国际层面上制定相关标准。这不仅仅是一个技术问题,还是一个道德问题。

（11）国家和国际合作网络。由于人工智能发展是全球性的，所以对应的政治思考和行动也必须是跨越区域的。因此，联邦政府将在人工智能领域继续扩大国际性的双边和多边合作。

（12）与社会对话，继续制定政策行动框架。为了将人工智能在德国的研究、开发和应用带领到世界领先水平，需要社会接受相关教育并对此有所了解。这需要密集的社会讨论和参与，以及为每一个人提供参与社会重塑的机会。因此，联邦政府将增加社会对话，加强人工智能教育，并对人工智能给个体和社会带来的收益以及将带来的风险和挑战进行公开地展示和讨论。

通过制定国家人工智能战略，德国联邦政府追求的14个目标如下：

(1)"德国造人工智能"成为全球公认的质量标准。

(2)德国应继续扩大在工业4.0领域的优势地位，并成为该领域人工智能应用的领导者。德国强大的中端市场也应受益于相关的人工智能应用。

(3)德国应增加对全世界高端人工智能人才的吸引力。

(4)战略重心应始终放在人工智能对公民的利益上。

(5)在德国，数据使用不能损害社会、环境、经济和国家的利益。

(6)通过新型的、用于数据实时传输的基础设施，为新的人工智能应用构建基础。

(7)人工智能在德国的发展需要保证足够的安全性。

(8)人工智能的研究和使用应当符合德国的道德和法律。

(9)在基于数据的商业模式和价值创造新方法出现之后，欧洲对此的回应应该与我们的经济结构、价值结构和社会结构相对应。

(10)在工作领域，人工智能应当始终关切所有雇员的利益。

(11)人工智能的潜力应该使工作和生活更加安全、高效、可持续。

(12)人工智能旨在促进公民的社会参与、行动自由和行动自觉。

(13)人工智能的潜力应当用于可持续发展，从而有助于实现"2030年议程"中设定的可持续发展目标。

(14)在框架约束下，人工智能应用应该能够创造和维护文化多样性，并保证为文化和媒体的自由发展提供空间。

第16章 西班牙

西班牙政府认为:"人工智能将为我们带来社会和经济的巨变,这一现实愈发清晰。中国和美国在此领域已经走在前列,欧盟也在努力让其成员国加大对人工智能发展的投入。"因此,西班牙也于2019年发布相关战略,力求迎头赶上。

2019年3月,西班牙政府在该国南部城市格拉纳达发布了人工智能战略——《西班牙人工智能研究、发展与创新战略》。西班牙首相桑切斯和西班牙科学、创新和大学事务部大臣佩德罗·杜克出席发布活动。该战略指出人工智能未来国家经济主要增长点之一——西班牙政府接下来将建立一个部门专门负责人工智能发展,也将通过法律更好地促进科学机构和科技人才发挥潜力。同时还要建立一个有效的机制,以保障人工智能的研究、发展、创新,并评估人工智能对人类社会的影响。政府的责任还包括关注人工智能应用的道德问题,避免其在各应用领域产生负面影响。

普华永道发布《2018年西班牙人工智能现状与展望》

2019年2月,普华永道发布了《2018年西班牙人工智能现状与展望》报告,报告称半数以上的西班牙大型企业正在应用某种人工智能来帮助生产经营,但其中46%的企业仍处于测试或尝试探索阶段。受访的西班牙企业认为,使用人工智能技术最大的阻碍在于缺乏专业技术人才(19.1%)、缺乏成熟清晰的商业模式(16.4%)、改变企业文化带来的冲击(13.1%)和没有强力领导层推动(12.3%)。同时,80%以上的受访企业认为,人工智能不会在3年以内对现有商业产生战略性影响。

西班牙在海军舰艇维护领域引入人工智能技术

2019年1月,西班牙国防部军备物资局授予英德拉公司一个为期两年的研发创新项目"Soprene"。该项目旨在开发人工智能技术,利用神经网络算法维护西班牙海军的舰艇,保障舰艇的可靠性,使其在海军的各种任务中保持最佳的作战状态。该项目的成果将成为"未来海军综合维护系统4.0"的重要组成部分,该系统将利用数字化和先进技术维护舰队。英德拉公司将为该项目开发收集分析大量舰船数据的人工智能技术,这些数据由遍布舰船的数千个传感器采集,然后存储在卡塔赫纳的海军监督和分析监测数据中心。利用分析结果,海军可提高对舰船的预防性维护能力,避免意外故障,提高舰队效率。届时,操作员可通过仪表或控制面板监控整个维护过程,系统则预测可能的故障、需要更新或维护的组件,并根据紧要程度决定是否向工程师和技术人员发送警报,要求其介入。这项研究将把工业4.0的概念引入武装部队,提高后勤支持能力,避免可能危及任务或水手安全的故障。

西班牙将人工智能用于农业害虫防控

西班牙农业部从2016年开始借助人工智能技术预判油橄榄实蝇的进化情况,掌握更大风险出现的区域和日期,从而做出最佳的害虫控制措施。

西班牙农业部在西班牙南部安达卢西亚部署了植物警报和信息网络(RAIF),对用于收集与害虫和其他作物参数相关的大数据进行了分析,分析的数据继而传输给人工智能模型,借助机器学习的技术来提前4周预测害虫的行为。研究共涉及12个集成生产组,共9000公顷的橄榄树,惠及哈恩省的10个市和科尔多瓦省的9个市。该网络依赖于约700个现场技术人员的工作和协作,分布在不同作物地区的4621个控制站,通过这些控制站可以互换信息和收集到的数据。

该研究项目给在哈恩产区马吉那地区和科尔多瓦东部高原地区工作的一体化橄榄生产协会带来了实惠。橄榄生产协会每周都会收到一份分析,包括对即将被橄榄实蝇吃掉的橄榄比率的预测,这个预测比率作为一个参数,为综合的害虫管理提供参考。橄榄生产协会每周都会提供其成员农场的害虫和作物的状态信息,进而改善预测模型。

第 17 章　沙特阿拉伯

沙特也十分重视人工智能的发展。据普华永道估算,到 2030 年,人工智能可以为沙特的国内生产总值贡献 1350 亿美元,达到国内生产总值的 12.4%,这是该区域仅次于阿联酋的第二大份额。

2016 年 4 月,沙特政府公布了名为"2030 年沙特远景展望"的计划,其内容包括监管、预算和政策改革等,将在未来 15 年时间里实施,旨在降低对原油相关收入的依赖性。人工智能将是该计划的重要组成部分,沙特正在寻求成为人工智能相关技术应用的全球领导者。其中最为瞩目的项目是沙特政府将斥巨资(5000 亿美元),在红海沿岸打造名为"NEOM"(阿拉伯语"新未来"的缩写)的智慧城市。该城市将占地 1 万平方英里,跨越红海并拟连接至埃及和非洲其他地区,预计将在 2020 年开始筹建该项目,并于 5 年后向公众开放。官方宣称届时机器人的数量将会超过城中居民的人数,并且全球百分之七十的人口都可以在 8 小时旅程内到达该城市。该城市的一切都会与人工智能和物联网有关,全面连接居民医疗档案、家居用品、交通工具等。

2017 年 4 月,沙特通讯信息技术部和华为签署协议,发展人工智能和物联网技术。从 2018—2020 年期间,华为将为沙特训练 1500 名本土工程师,沙特的企业家也将利用华为现有的客户解决方案集成和体验中心的设施开发侧重人工智能和互联网的应用。

首个被授予公民身份的机器人——索菲亚

2017 年 10 月,在沙特阿拉伯首都利雅得举行的未来投资倡议大会上,女性机器人索菲亚被授予沙特公民身份。她因此成为史上首个获得公民身份的机器人。

被誉为沙特达沃斯的未来投资倡议 10 月 24 日至 26 日在利雅得

举行。10月26日大会特别安排了索菲亚与主持人互动环节。当被问到高仿真机器人是否会使人类落入恐怖谷陷阱时,索菲亚回答说:"我的人工智能是按照人类价值观设计的,诸如智慧、善良、怜悯等。我将争取成为一个感性的机器人,我想用我的人工智能帮助人类过上更美好的生活。"恐怖谷假设是1969年由日本机器人专家森昌弘提出,认为机器人的仿真度越高,人们越有好感;但当仿真度超过一个临界点时,这种好感度会突变成恐惧感,被称为恐怖谷。随后,当机器人和人类的相似度继续上升,人类的情感反应又会变回正面。

与人类女性外形极为相似的高仿真机器人索菲亚由美国汉森机器人公司设计制造,她拥有仿生橡胶皮肤,可以模拟60多种面部表情,因太像人类而惊吓到众多网友。索菲亚的大脑采用了人工智能和谷歌语音识别技术,能识别人类面部、理解语言、记住与人类的互动等。事实上,索菲亚在美国已是家喻户晓。她甚至拥有自己的经纪人,好莱坞电影制作商要想找她拍电影,必须得和她的经纪人谈。她坐飞机、坐车都要给她预留一个位置,而不能当货物运送。在她身上,人与机器人的界限已经慢慢模糊。早先有人说就差发给她一张身份证了,现在身份证有了。索菲亚已经不仅是机器人了,它堂而皇之进阶为沙特公民。

机器人索菲亚

第18章 马来西亚

2017年10月,马来西亚数字经济公司发布了《国家大数据分析框架》,该框架得到总理的接受和背书。马来西亚政府计划在该框架基础上进行扩展并推出人工智能国家战略。

2018年8月,中国和马来西亚发布两国政府联合声明,鼓励两国在物联网、云计算和人工智能等高价值领域开展技术转移等深入合作。

马来西亚引入中国人工智能产品解决首都吉隆坡交通治堵问题

2018年1月,马来西亚数字经济发展机构和吉隆坡市政厅在吉隆坡联合宣布引入阿里云ET城市大脑,将该人工智能产品全面应用到马来西亚交通治理、城市规划、环境保护等领域。未来马来西亚城市大脑不仅将对整个城市进行全局实时分析,自动调配公共资源,还将成为激励马来西亚技术创新的平台,鼓励更多本地人才开发人工智能的落地应用。

马来西亚首都吉隆坡的281个道路路口会接入城市大脑,人工智能不仅将全局调控交通状况,加快车辆通行速度,还将为应急车辆开辟一路绿灯的生命通道。这成功复制了杭州指挥救护车通行的经验,吉隆坡救护车的通行时间节省了48.9%。此外,人工智能还将通过道路摄像头优先发现交通事故,这不仅将为红绿灯调节提供参考,还能为交警部门提供更全面的疏导建议。

此外,马来西亚城市大脑还将成为开放的人工智能平台,为当地科技创新企业和开发者提供技术扶持,培育当地技术社区,激励更多基于城市大脑平台的人工智能应用开发。

ET 城市大脑

马来西亚将建设首个人工智能产业园

2019年4月,在第二届"一带一路"国际合作高峰论坛期间,马来西亚科技公司 G3 Global 与深圳人工智能企业商汤科技及中国港湾工程有限责任公司签订战略合作协议,共同建设马来西亚首个人工智能产业园。根据协议,三方将在人工智能基础设施、技术研究、数据管理、人才培养及商业运营等领域展开密切合作,推动马来西亚人工智能技术领域的生态建设与产业发展。

同时,以产业园为依托,商汤科技还将与 G3 Global 合作开拓马来西亚市场,探索人工智能技术在智慧城市、公共管理、手机、汽车等领域的应用,并将积极推动人工智能基础教育纳入马来西亚课程体系。

马哈蒂尔总理(左二)与 G3 Global 董事长 Wan Khalik Wan Muhammad(左一)、商汤科技创始人汤晓鸥教授(右二)、中国港湾董事长林懿翀(右一)合影

第 19 章 澳大利亚

目前,澳大利亚还没有明确发布国家人工智能战略。

2018 年 5 月,澳大利亚发布"2018—2019 年度政府预算",表明政府将创建一份技术发展路线图、一个标准框架、一个全国人工智能道德框架,用于支持负责任地进行人工智能研发,政府计划在未来的 4 年里拨款 2990 万澳元支持人工智能的发展。这笔拨款还将支持联合研究中心项目、博士奖学金及其他可以提高澳大利亚人工智能人才供应的举措。

2018 年 12 月,澳大利亚政府发布新版《数字经济战略》,强调了人工智能、区块链、物联网和量子计算等数字技术将使所有澳大利亚人受益,因此应加大发展人工智能等数字技术以推动建立强大、安全和包容的澳大利亚经济。

澳大利亚军方投资研究人工智能武器

新华社堪培拉 2019 年 3 月 1 日电,据澳大利亚媒体报道,澳国防军已经投资超过 500 万澳元(约合 2400 万元人民币),支持相关机构研究人工智能武器,据称最终目标是设计出有道德约束力的"杀手机器人"。澳大利亚广播公司在报道中称该研究计划用时 6 年,新南威尔士大学堪培拉分校等机构将参与其中。

新南威尔士大学堪培拉分校当天在官网发布消息说,该校和昆士兰大学与相关机构合作,将启动一项投入超过 900 万澳元(约合 4300 万元人民币)的计划,主要研究军用的自动机器人。这项研究的焦点是"可信赖的自动系统",该系统需要把人类的道德和法律信息嵌入其中,"带来自动化和机器人方面的世界领先技术,以实现人与机器之间可信赖的有效合作"。

当地媒体引用该项目首席研究员杰伊·加利奥的话说,这项研究将详细调查人类士兵如何在道德层面做出"是否开火"的决定,并力争让人工智能武器学会作出类似人类行为的决定,"比如可以据此设计出永远不会对救护车或医院开火的武器"。

此前有媒体披露澳大利亚人工智能未来战士雏形如下图,外形酷似身披绿甲的机甲战士,装备有功能神奇的作战服、马甲、头盔、增强现实目镜以及穿戴装备,集结新兴材料科学、传感器技术、自动化系统、人工智能、外骨骼和混合现实等众多硬科技于一体。仅作战服就具备三大功能:"变色龙"一样逼真的伪装功能、弹片袭来最多擦破皮的防弹功能以及对受伤部位的加压止血功能。除此之外,澳大利亚国防部研究团队赋予人工智能未来战士的头盔和增强现实目镜也可圈可点。头盔可以日夜有效地探知敌人位置,目镜具备防弹、防雾、自清洁和增强现实显示功能。而特殊材料制成的马甲可根据环境的冷热有效调节温度,为士兵保持合适的体温和舒适感。穿戴装备不仅为步兵提供防守型保护,更可释放小到可以放进手掌或嵌套在士兵战斗装备中的超小型无人机/车。

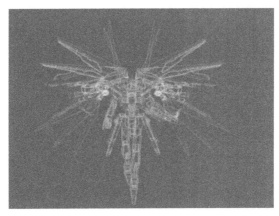

杀手机器人

第 20 章 巴　　西

巴西正在通过发展物联网和数字网络来推动其人工智能进程。

2018年8月,巴西总统批准了《巴西通用数据保护法》。该法案有18个月的过渡期,在2020年2月15日正式生效。这是巴西首部综合性数据保护法律,对个人数据的收集、使用、处理和存储规则做了详细规定,覆盖巴西所有的经营行业,影响全部私营和公共实体。随着该法案的出台,巴西的个人数据保护要求显著增加,管辖范围内的企业将需要投入大量的合规成本以免受处罚。

2019年6月,巴西官方公报公布9854号法令,提出制订国家物联网计划,推动物联网在巴西各领域的发展和实施,要求在保障自由竞争和数据自由流动的同时,确保物联网的发展遵循信息安全和隐私规则。法令明确,国家物联网计划的目标包括:①通过实施物联网解决方案,改善生活质量,提高服务效率;②建立与物联网应用和数字经济下新兴就业机会相关的专业资格认定;③通过创新生态环境,提高巴西物联网企业的生产力和竞争力;④寻求建立公私伙伴关系;⑤通过参加标准化论坛、推动国际合作以及物联网解决方案的国际化,提高国际影响力。此外,法令要求设立一个咨询机构——"机器间和联网通信系统开发的监管办公室",该办公室负责监督和评估国家物联网计划的实施,鼓励公私伙伴关系,启动与公共实体的项目,促进物联网解决方案的实施和开发。

巴西消费者对人工智能设备兴趣全球最高

2018年3月,普华永道公布了2018年全球消费者观察报告,在27个国家中,巴西人购买人工智能设备的兴趣最高。普华永道对全球27个国家的2.2万名受访者进行了调查,在巴西共有1000人参与调查。数据显示,59%的巴西人有兴趣购买某种人工智能产品,排在27个国家的第一位,另外还有14%的巴西受访者表示已经有某种人工智能设备,如通过声音来控制的设备。除了巴西外,52%的中国受访者有兴趣购买人工智能设备,其次是印度尼西亚(49%)、越南(45%)、泰国(44%)、波兰(40%)、意大利(38%)、美国(25%)、法国(25%)以及英国(24%)。

2018年7月,IEEE对美国、英国、巴西等5个国家的2000人进行了调查,调查对象为20~36岁之间、孩子年龄在8岁以下的年轻父母。60%的巴西人表示可以接受由机器人操作的手术,这一比例高于美国和英国(比例均为45%)。

第 21 章 越　　南

　　人工智能在东南亚国家越南也逐渐引起重视,人工智能被列入优先投资发展的高科技名录,越南政府将其视为第四次工业革命的突破性技术。

　　2018 年 8 月,越南科技部主持召开 2018 年越南人工智能研讨会,会议介绍了越南党、国家和政府领导在第四次工业革命到来的背景下推进科技成果产业化应用的战略观点,为促进人工智能技术研发、转让和应用提供平台。

　　2018 年 10 月,越南科技部决定实施"2025 年人工智能研究与开发计划",旨在推动越南人工智能技术的发展。

　　2019 年 5 月,越南政府首次与麦肯锡公司、越南创新网络等合作举办人工智能超级挑战赛,在越南全国范围内掀起人工智能热潮,这项大赛汇聚了越南最优秀的人才,将大力支持越南和全球企业设计出终极虚拟助手。

　　2019 年 7 月,越南科技部宣布,以"大力推动人工智能生态系统发展"为主题的"2019 年越南人工智能日"活动于 8 月 15 日至 16 日在河内举行。该活动将连接各所大学院校、企业、技术集团、创业型企业等人工智能生态系统中的成员,旨在推动人工智能在卫生、教育、经济、贸易、财政、农业等经济社会多个重点领域中的研究与应用。

全球首位公民机器人索菲亚出席 2018 年越南工业 4.0 峰会

　　2018 年 7 月 13 日,机器人索菲亚穿着越南礼服"袄代"出席在越南河内召开的工业 4.0 峰会。据报道,索菲亚在峰会期间谈论了工业 4.0 相关问题,并对发展挑战提出了见解。

　　索菲亚表示,工业 4.0 可协助越南实现生产力的突飞猛进,进一步推动经济增长。索菲亚还提议越南政府与民间企业和联合国开发计划署等机构合作,利用技术让每个越南人民受益,并采取适当政策支持低收入族群，以支持越南的全面发展。在挑战方面，须考虑到为年轻人提供正确的教育，以满足工业4.0中的工作需求，特别是在工程、数学和技术领域。他们需要21世纪的技能，例如创业。越南政府需优先考虑良好的教育，不让任何一个人掉队。索菲亚还建议越南加速科技创新以实现可持续和快速发展。

机器人索菲亚出席2018年越南工业4.0峰会

第 22 章 俄罗斯

俄罗斯正以举国之力筹划人工智能在军事领域的研发,并推动人工智能战略的制定。

2014 年 2 月,俄罗斯总理梅德韦杰夫签署命令宣布成立隶属于俄联邦国防部的机器人技术科研试验中心,主要开展军用机器人技术综合系统的试验。

2015 年 12 月,普京签署总统令宣布成立国家机器人技术发展中心,主要职能是监管和组织军用、民用机器人技术领域相关工作。

2016 年 3 月,俄罗斯发布《2025 年前发展军事科学综合体构想》,明确提出将人工智能技术、无人自主技术作为俄罗斯军事技术的短期和中期的发展重点。

2017 年 11 月,俄罗斯发布《2018—2025 年国家武器装备计划》,提出发展基于新物理原理的武器,以及超高声速武器样机、智能化机器人系统。无人作战系统被视为智能化武器装备的发展重点。

2018 年 3 月,俄罗斯国防部联合俄联邦教育与科学部、俄罗斯科学院召开会议,邀请国内外人工智能专家对全球人工智能发展现状进行研判,试图举全国学术、科技以及公司之力,制定"俄罗斯人工智能发展计划"。随后,俄国防部牵头发布了"人工智能十项计划",对未来俄罗斯人工智能的研究工作以及各部门、各机构的协调分工作出了指导性安排。

2019 年 2 月,俄罗斯总统普京批准了联邦会议总统指示执行清单,其中一项非常重要的任务是原计划在 6 月 15 日完成的"国家人工智能战略"制定工作,该工作的监督和保障由俄罗斯联邦政府负责。在 5 月 30 日的人工智能领域技术发展会议上,俄罗斯总统普京表示,人工智能已经成为全球领域的技术竞争,强调俄罗斯需要确保自身在人工智能领域的技术主导权,并称其是推动俄罗斯社会经济发展,提升公民生活质量和国家安全性的最重要条件。

2019年6月,俄罗斯副总理马克西姆·阿基莫夫在"2019年彼得堡国际经济论坛"的专题会议上,透露俄联邦政府已于近期向总统提交了人工智能领域的国家战略草案,待总统审批后即发布该战略。该战略的分阶段计划将纳入"数字经济"国家计划中。该战略规划了6项重点发展方向:数学方法和算法、硬件基础、软件保障、数据的可用性和积累、监管框架、人才保障。该战略旨在2024年将俄罗斯使用人工智能技术的公司和政权机构的份额增加到10%,到2030年增加20%。俄罗斯联邦政府计划未来6年划拨约900亿卢布联邦预算来实施该战略,加上其他融资预计能达到1000亿卢布,到2030年时,资金额应增加到1800亿卢布。未来3年内,将根据战略确定与人工智能发展相关的产品线和基础建设。此外,俄罗斯联邦政府将对从事电脑视觉、机器训练、语言识别的俄罗斯企业提供扶持。这些人工智能技术成果将在教育和科学、运输和物流、国家安全、工业、医学等多领域得到广泛应用。

2019年9月,俄罗斯教育与科学部新闻处表示,近日启动了一项名为"20.35大学"的人工智能技术培训计划。该计划将向100多所大学提供在线学习培训,推行密集的全日制教育。通过该计划,大学生和高校人员等将更加了解人工智能的作用和用途。

俄罗斯高校拟自2021年起由人工智能建议是否开除学生

据俄罗斯卫星网2019年8月报道,俄罗斯将从2021年启动大数据识别高校学习成绩差的学生,根据人工智能的建议,决定是否将其开除。人工智能将基于数字跟踪信息,评估学生的学习成绩,课堂表现,参与公共活动情况及其表现。人工智能可以基于这些信息,建议系办公室或者是校办公室确立学生教育效果的战略,以表彰、推荐课外学习班,甚至对不当行为提出警告和开除。

据称,这种教育服务将消除教师的个人偏见。在2019年10月份的EDCrunch教育会议上,就其发展和实施进行讨论。初期将选择几所俄罗斯高校测试该系统。2019年将在高校全面引入人工智能。

2021年将在部分高校推出测试版。目前该系统的结论只是建议性质，最终的决定权还是在校方。

据俄罗斯教育部的消息，2018年，俄罗斯各高校因各种原因被开除的学生，比例约为16.8%。专家评估，人工智能的引入将使这个数据下降到10%。

参考文献

[1] 腾讯研究院. 中美两国人工智能产业发展全面解读[R]. 2017.

[2] 麦肯锡全球研究所. 人工智能:对中国的影响[R]. 2017.

[3] 腾讯研究院,等. 人工智能:国家人工智能战略行动抓手[M]. 北京:中国人民大学出版社,2017.

[4] Stuart Russell,Peter Norvig. 人工智能:一种现代的方法[M]. 殷建平,等译. 北京:清华大学出版社,2013.

[5] 尼克. 人工智能简史[M]. 北京:人民邮电出版社,2017.

[6] 周鸿祎. 智能主义:未来商业与社会的新生态[M]. 北京:中信集团出版社,2016.

[7] American Executive Office of the President National Science and Technology Council Committee on Technology. Preparing for the Future of Artificial Intelligence[EB/OL]. https://obamawhitehouse.archives.gov/sites/default/files/whitehouse_files/microsites/ostp/NSTC/preparing_for_the_future_of_ai.pdf.

[8] American National Science and Technology Council. National artificial intelligence research and development strategic plan[EB/OL]. https://obamawhitehouse.archives.gov/sites/default/files/whitehouse_files/microsites/ostp/NSTC/national_ai_rd_strategic_plan.pdf.

[9] 国务院. 国务院关于印发新一代人工智能发展规划的通知[EB/OL]. http://www.gov.cn/zhengce/content/2017-07/20/content_5211996.htm.

结束语

  人类经历了农业革命、机械革命和信息革命，目前正在从信息革命发展到智能革命，人工智能方兴未艾，可以预见未来还有更多的国家或者地区将人工智能提升到国家战略的高度进行发展。正如20世纪时人类难以想象到如今互联网四通八达，手机、电脑随处可用，信息交流实时高效。未来，智能高度发达，智能设备甚至可以植入人类身体，将手机、相机、笔记本电脑等终端直接宣判死刑，无人驾驶、无人值守成为社会新常态，冰箱、洗衣机甚至座椅板凳都实现万物互联，人工智能将彻底把人类从烦琐机械重复劳动中解放出来，打开人类社会发展的崭新篇章。

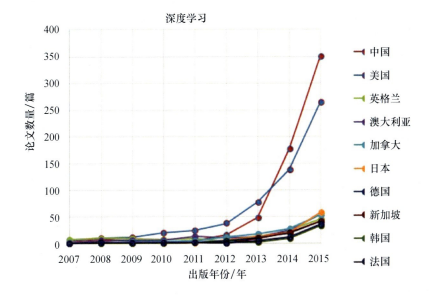

提及"深度学习"或"深度神经网络"的期刊论文(按国家排列)

提及"深度学习"或"深度神经网络"且至少被引用一次的期刊论文(按国家排列)